Le grand méchant **stress**

Données de catalogage avant publication (Canada)

Rollot, Florence
Le grand méchant stress: quelle vie voulez-vous vivre?

1. Stress. 2. Gestion du stress. I. Titre.

BF575.S75R64 2003 155.9'042 C2003-940057-3

DISTRIBUTEURS EXCLUSIFS:

- Pour le Canada
  et les États-Unis:
  MESSAGERIES ADP*
  955, rue Amherst
  Montréal, Québec
  H2L 3K4
  Tél.: (514) 523-1182
  Télécopieur: (514) 939-0406
  * Filiale de Sogides ltée

- Pour la France et les autres pays:
  VIVENDI UNIVERSAL PUBLISHING SERVICES
  Immeuble Paryseine, 3, Allée de la Seine
  94854 Ivry Cedex
  Tél.: 01 49 59 11 89/91
  Télécopieur: 01 49 59 11 96
  Commandes: Tél.: 02 38 32 71 00
  Télécopieur: 02 38 32 71 28

- Pour la Suisse:
  VIVENDI UNIVERSAL PUBLISHING SERVICES SUISSE
  Case postale 69 - 1701 Fribourg - Suisse
  Tél.: (41-26) 460-80-60
  Télécopieur: (41-26) 460-80-68
  Internet: www.havas.ch
  Email: office@havas.ch
  DISTRIBUTION: OLF SA
  Z.I. 3, Corminbœuf
  Case postale 1061
  CH-1701 FRIBOURG
  Commandes: Tél.: (41-26) 467-53-33
  Télécopieur: (41-26) 467-54-66
  Email: commande@ofl.ch

- Pour la Belgique et le Luxembourg:
  VIVENDI UNIVERSAL PUBLISHING SERVICES BENELUX
  Boulevard de l'Europe 117
  B-1301 Wavre
  Tél.: (010) 42-03-20
  Télécopieur: (010) 41-20-24
  http://www.vups.be
  Email: info@vups.be

Pour en savoir davantage sur nos publications,
visitez notre site: **www.edhomme.com**
Autres sites à visiter: www.edjour.com • www.edtypo.com
www.edvlb.com • www.edhexagone.com • www.edutilis.com

Dépôt légal: 1er trimestre 2003
Bibliothèque nationale du Québec

ISBN 2-7619-1784-7

Gouvernement du Québec – Programme de crédit d'impôt pour l'édition de livres – Gestion SODEC.

L'Éditeur bénéficie du soutien de la Société de développement des entreprises culturelles du Québec pour son programme d'édition.

Nous reconnaissons l'aide financière du gouvernement du Canada par l'entremise du Programme d'aide au développement de l'industrie de l'édition (PADIÉ) pour nos activités d'édition.

FLORENCE ROLLOT

Le grand méchant **stress**

LES ÉDITIONS DE L'HOMME

AVANT-PROPOS

Les temps modernes

Il s'agit d'enseigner l'humanité à l'humanité.
Rodrigo de Zayas

1936: Charlie Chaplin réalise *Les temps modernes*. Plan-séquence: un troupeau de moutons se dirige vers une destination inconnue qui laisse présager une menace... Soudain, à cette image se superpose un groupe d'ouvriers marchant vers leur usine. Cette séquence très forte traduit bien l'enjeu dont il peut être question pour l'homme, acteur au sein d'un système. Le film *Pink Floyd: The Wall* reprendra le même sujet quelques décennies plus tard. Ne nous y trompons pas, l'enjeu est de taille et les choix sont majeurs. Ils tournent autour du thème suivant: Comment voulez-vous vivre? Ils posent cette question: Pensez-vous sincèrement que le contexte dans lequel vous évoluez, qu'il soit professionnel ou personnel, changera pour s'adapter à vos besoins? Ou croyez-vous à la puissance de vos actes, aussi petits soient-ils?

L'homme a engendré un environnement complexe qui n'a plus de frontières ni de temps et, pris dans ce rythme échevelé, bousculé, réactif et privé de raisonnement, il s'est persuadé qu'il devait s'adapter sans cesse à ce contexte mouvant et incertain.

Or, le temps humain est lent. L'homme est l'espèce vivante qui met le plus d'années à devenir adulte. Il apprend lentement ; le temps des erreurs et des perfectionnements, il est collé au rythme de la nature, du jour qui se lève, de la brise qui souffle ; il est soumis à ses rythmes naturels : manger lentement, dormir huit heures par vingt-quatre heures, se détendre, faire fonctionner ses sens. Ça, c'est le temps de l'homme. C'est une lutte dont celui qui aura su imposer son rythme sortira vainqueur.

Il s'agit d'un conflit entre le rythme des machines et des systèmes – exigeant et tyrannique, mais efficace et source de progrès – et le rythme de l'homme créateur, à l'imagination sans limite, inventant toujours plus, cherchant, comme il l'a toujours fait, à utiliser des outils – extensions de lui-même vers l'infiniment grand ; cherchant, par la maîtrise, un sens à ce qui le dépasse, mais qui s'est laissé prendre au piège par ses propres créations. *Metropolis* montrait la masse ouvrière esclave des machines qui donnent vie à la grande métropole. Si l'on observe les journées de nombre d'entre nous aujourd'hui, on constate que la vision futuriste mise en scène dans ce film de Fritz Lang s'est élargie à toutes les couches de notre société.

L'humain est conçu de façon telle qu'il se singularise par sa faculté d'adaptation. Mais il existe deux façons de s'adapter : l'une, proactive, qui tend vers le progrès, vers l'évolution, et l'autre, réactive, non anticipée, non souhaitée, dans l'urgence. C'est sans discernement, aujourd'hui, que l'être humain met sa faculté d'adaptation au service de tout changement. C'est ici qu'intervient le choix. S'adapter à quoi ? Il se pose la question : Ai-je le choix ? Dois-je suivre le mouvement, faire comme les autres ? Suis-je dépendant des systèmes qui, visiblement, ont un plan, une finalité ? Et moi, quel est mon plan ? De quoi ai-je besoin ? Qu'est ce qui est important pour moi ? Au service de quel plan vais-je me mettre ? C'est d'abord à ces questions que nous allons répondre. Oui, il est important que vous puissiez penser que vous avez le choix ; il est urgent que vous déterminiez vos besoins ; que vous décidiez d'un plan à votre service, au service de votre vie et, surtout, que vous puissiez vous appuyer sur un mode d'emploi, sur des ressources qui vous permettront de mettre votre plan en œuvre.

Travelling arrière, temps accéléré; je regarde ma vie. À quoi ressemble-t-elle? Qui est cet homme, qui est cette femme qui se croit obligée de mener cette vie-là, au service de quoi? Qu'est-ce que je maîtrise? Et ai-je envie de le maîtriser? Vais-je laisser l'environnement, le système, le contexte décider pour moi? Comment passer du mode réactif, dicté par le contexte, au mode proactif, selon lequel je déciderais dans ce contexte? À ces questions, nous répondrons qu'il existe des moyens qui, plutôt que de laisser les circonstances décider à votre place, vous donneront la possibilité de décider et d'être le maître de votre volonté.

Les injonctions sont puissantes, les machines au service du système essayant de nous convaincre qu'il n'y a pas d'autre issue que de suivre la pensée qui est à son service et pourtant… De partout s'élèvent des plaintes, des plaintes de souffrance. Les chiffres sont implacables: rien qu'en France, 18 millions de personnes prennent des antidépresseurs et leurs dérivés, 11 millions de personnes accros. Un sentiment de plus en plus fort d'être hors jeu. Mais de quel jeu s'agit-il? Et si, tout simplement, ces personnes étaient rappelées à l'ordre par leur propre système écologique, par leur propre humanité qui s'exprime enfin, une fois que tous les signaux d'alarme ont été ignorés? Et si l'homme pouvait prendre conscience qu'il peut être le maître du jeu au sein de ce système qu'il a lui-même créé? Qu'il doit imposer son temps, son rythme, ses choix? C'est là le résultat ambitieux que nous vous proposons d'atteindre.

L'heure est certainement venue de replacer l'homme au centre, mais l'issue dépendra de la somme des individualités. À chacun de prendre date pour sa vie. Dans nombre de pays, les individus n'ont pas encore ce choix. Mais nous, qui avons la chance de vivre dans des pays riches et démocratiques, n'avons-nous pas la responsabilité de notre avenir et des modèles à mettre en place?

S'il s'agit de se recentrer sur l'humain, sur son capital le plus précieux qu'il nomme sa vie, encore faut-il qu'il sache quel genre de vie il veut, puis qu'il se reprogramme dans sa notion de maîtrise. Maintenant qu'il a posé les bases de sa vie en les orientant vers l'infiniment grand, pour répondre à son angoisse existentielle il doit redéfinir en quoi consiste la maîtrise de son système personnel et de son environnement proche.

C'est tout le sujet de ce livre : la maîtrise de soi. D'abord, la maîtrise au sens d'habileté de celui qui a approfondi le sujet, qui a recherché, testé, échoué, appris, recommencé, progressé et qui, au final, aura l'assurance de celui qui sait où il va, parce qu'il sait sur quoi il peut compter, parce qu'il sait où sont ses compétences, ses talents, ses ressources, ses points faibles, ses limites et ses forces.

Ne vous y trompez pas, l'enjeu est important. Traiter le stress – résultante de la suradaptation impossible, du manque de maîtrise – ne consiste pas à apprendre comment se relaxer pour faire baisser la pression, à s'autohypnotiser, à respirer… Non, le défi est de taille, il est en amont ; il est dans les choix que vous allez effectuer et dans le prix que vous allez être prêt à payer pour concrétiser ces choix. Il s'agit d'un effort important de reprise en main de votre vie. C'est dans cet effort que nous vous proposons de vous accompagner.

Perdus dans le gros plan de notre quotidien, il nous semble souvent plus facile de suivre le mouvement du plus grand nombre, hypnotisés par les injonctions de la pensée unique, de subir les contraintes toujours plus fortes du système qui nous presse, qui nous stresse, qui nous tue à petit feu. Le stress est surnommé « le tueur silencieux » ; telle la Faucheuse, il rafle les vies. C'est une question de résistance et de temps, certains tiennent plus longtemps que d'autres. Porté par le flot, par la foule qui subit le même sort, ce quotidien a le mérite d'être connu, d'avoir ses points de repère. Ce constat dur montre bien à quel point le premier plan-séquence des *Temps modernes* est à méditer, à quel point il est important de se donner les moyens d'être capable de diriger sa vie, d'avoir son plan et d'être en mesure de le mettre en œuvre. Cela ne veut pas dire qu'il faille rejeter les systèmes, nous les avons créés pour de bonnes raisons, ils représentent de puissants leviers vers le progrès, vers des aspirations fortes pour l'humanité. Mais qui dit reprise en main dit réaction, changement, rébellion de part et d'autre et, enfin, compromis, partage des pouvoirs et objectifs communs.

À l'extrémité de la vie de chacun d'entre nous, il y a deux temps forts : la naissance, qui nous propulse, sans mode d'emploi, dans la banlieue d'un univers infini, en expansion constante ; et à l'autre bout, notre mort, qui est un événement traumatisant, hautement imprévisible quant à ses circonstances ou à ses suites, mais inéluctable. Si l'on devait se fier aux apparences, on ne miserait pas lourd sur ce petit bout d'homme de trois kilos et quelques qui deviendra pourtant, un jour, capable d'aller sur la Lune. En effet, cette créature fragile qu'est l'être humain ne possède qu'un seul atout : son cerveau. Conscient de sa fragilité, l'homme recherche la sécurité. Or la sécurité s'obtient par la connaissance, par sa capacité de se sentir à l'aise dans son environnement, par son adhésion à des croyances qui lui permettent de structurer sa représentation du monde, par la répétition, par la routine. Il va ainsi, très naturellement, structurer ses journées autour de points de repère rassurants en évitant les surprises douloureuses, les changements intempestifs, les risques inhérents à l'inconnu. Chaque nouvelle situation, lui donne l'impression qu'une adaptation sera nécessaire afin de maîtriser un peu plus son environnement. C'est ici que le stress et l'épuisement se profilent. Maîtriser un contexte extérieur, un environnement, un système est le fruit d'une illusion. La variation potentielle et l'incertitude du milieu dans lequel nous évoluons sont trop importantes ; le moindre imprévu vient déstabiliser ou bouleverser cette notion de maîtrise presque procédurale.

La seule entité sur laquelle nous pouvons exercer un certain art de la maîtrise, c'est bien nous-mêmes. Et c'est là que réside le secret. Il ne s'agit donc plus d'avoir une connaissance parfaite d'un contexte extérieur qui serait censé être figé ; il s'agit d'avoir une connaissance de soi, de notre corps, de nos pensées, de nos croyances, de nos besoins, de nos valeurs et de nos comportements afin de mener nos propres actions – celles dont nous serons les instigateurs – et d'interagir avec notre entourage naturellement, sans difficulté. Tels sont les différents niveaux de maîtrise que nous aborderons dans cet ouvrage.

Pour acquérir la maîtrise d'un art, d'une science ou d'une pratique, trois étapes sont nécessaires :

- Avoir accès à la connaissance ;
- Comprendre le fonctionnement ;
- Pratiquer, encore et encore.

Telle sera notre démarche tout au long des chapitres qui vous proposeront d'abord de comprendre la mécanique du stress, puis d'accéder aux quatre cercles de maîtrise suivants :

- Premier cercle : la maîtrise de votre énergie. Vous y apprendrez comment fabriquer plus d'énergie et comment en dépenser le moins possible.
- Deuxième cercle : la maîtrise de votre fonctionnement personnel. Vous y découvrirez quels sont vos besoins et vos talents et comment les mettre au service de votre vie professionnelle ou personnelle. Vous y verrez également comment parvenir à des états intérieurs positifs.
- Troisième cercle : la maîtrise de vos actions et de votre organisation. Vous apprendrez à diriger l'action efficacement, à anticiper ; vous découvrirez l'espace « zéro problème » et le programme « intégrité personnelle ».
- Quatrième cercle : la maîtrise de votre communication. Vous découvrirez comment éviter ou régler les conflits interpersonnels, les jeux de communication qui empoisonnent le quotidien.

Si l'on en croit Edgar Morin, qui cite Romain Gary dans son dernier ouvrage intitulé *La méthode : l'identité humaine* : « Le mot humanité comporte l'inhumanité : l'inhumanité est une caractéristique profondément humaine. » Au XXe siècle, au cœur même de pays riches et démocratiques, nombre d'hommes et de femmes vivent dans des contextes, dans des systèmes parfois profondément inhumains et entourés d'êtres humains qui ne font pas toujours preuve d'humanité. Politiquement, sociologiquement, scientifiquement ou économiquement parlant, l'humain est déjà la grande préoccupation de ce siècle qui commence.

Alors, nous répondrons à tout cela, comme Rodrigo de Zayas, qu'il va s'agir «d'enseigner l'humanité à l'humanité».

INTRODUCTION

La mécanique du stress

Nous ne voyons pas le monde avec nos yeux,
nous le voyons avec nos concepts.
Albert Jacquard

Il est tard. Un homme sort de son bureau d'un pas pressé. Il prend sa voiture, traverse la ville éclairée. Il repense à l'entretien qu'il a eu avec son patron; il sait que cette conversation constitue un sérieux avertissement. Il allume la radio, il écoute les cours de la Bourse. Les placements qu'il a effectués continuent à se dévaloriser, il a un malaise.

Quand l'étau se resserre, quand les agressions se multiplient, l'homme confronté à la pression extérieure perd peu à peu son pouvoir et, débordé par le contexte, se met en marge malgré lui.

L'homme et son environnement : la lutte éternelle

Les agressions, les menaces ont toujours existé. L'homme nu et seul face au monde a dû les surmonter. Il a marqué de nombreux points et remporté de nombreuses victoires.

Il a construit des maisons capables de le protéger des intempéries ; il s'est fabriqué des vêtements ; il a mis les bêtes féroces dans des zoos.

Il a organisé la nature, des champs cultivables par ici, des routes et des tunnels par là, des métropoles, des jardins, des stations de sports d'hiver, des parcs naturels protégés et des forêts pour se promener le dimanche.

Il a percé le mystère des ondes et des énergies ; c'est ainsi qu'il communique, s'éclaire, se chauffe et se véhicule.

Il a appris, beaucoup appris, et c'est pourquoi il guérit les maladies, repousse la vieillesse. Il crée des machines et des appareils qui lui font gagner du temps, qui le soulagent de tâches ingrates, qui améliorent considérablement sa qualité de vie.

Peu à peu, il a changé son environnement. Animé par de bonnes intentions, il croyait sincèrement que s'il se donnait assez de mal, cette planète allait finir par ressembler à un endroit où il ferait bon vivre.

Cependant, ignorant de la loi des systèmes qui dit qu'un battement d'ailes de papillon peut déclencher une tornade à l'autre bout de la planète, ses créations lui ont échappé. Nombre de bonnes intentions se sont retournées contre lui et l'environnement a marqué ses points.

Même en essayant de rester très optimiste, peut-on dire que ce nouvel environnement est plus rassurant et vivable que celui qui existait il y a quelques millions d'années ? Les menaces et les agressions s'y sont infiltrées sous des formes parfois moins reconnaissables, plus sournoises, plus complexes.

L'homme peine à respirer dans nombre de villes où il habite ; sa terre et ses eaux sont contaminées à différents endroits par des produits hautement toxiques ; des bombes prêtes à le détruire à tout moment parsèment la planète ; ses belles découvertes scientifiques se retrouvent dans nos produits alimentaires, lesquels, ces dernières années, ont fini par nous inspirer de la méfiance, de la crainte ou même de la terreur.

Pourtant, pour effectuer ces changements gigantesques, il a fallu que tout le monde se mette au travail. Si nous voulions améliorer notre qualité de vie dans cet univers hostile et nous partager les fruits d'un monde meilleur, c'était à chacun d'y apporter sa contribution.

Telles des petites fourmis, les hommes se sont mis à travailler. On peut même dire qu'avec le temps, le travail est devenu leur principale activité. Toute une organisation sociale, politique et économique s'est développée autour de cette occupation – et, notamment, le capitalisme – jusqu'à ce que... là encore, les événements échappent aux hommes.

Le système s'est emballé et les hommes sont au service du capitalisme triomphant : production, production, délocalisation ; des riches de plus en plus riches et des pauvres de plus en plus pauvres, l'argent comme seul objectif ; l'humain dans le collimateur, sauf quand il est consommateur. Un système qui n'hésite pas à broyer des hommes, un système qui dresse un homme contre un autre homme ; le plus jeune et le plus productif aura la place.

Pour aller plus vite dans l'accomplissement de sa tâche, l'homme s'est construit des machines magnifiques : le Concorde, le TGV, l'ordinateur, les satellites, etc. Pourtant, depuis qu'il a gagné tout ce temps, il n'a plus de temps. Il n'a plus le droit de perdre son temps, le système qu'il a créé n'arrête plus de produire, jour et nuit, sur toute la planète. Il ne le lâchera qu'au jour de sa retraite.

Cependant, les laissés-pour-compte, quant à eux, ont commencé à penser que ce système se moquait d'eux. Attisée par leurs nombreuses frustrations, tel un virus, la violence comme moyen d'expression s'est répandue partout, jusque dans les écoles.

Dans son environnement générateur de stress, notre homme se prend la tête entre les mains, il se recroqueville, il fait une dépression.

L'homme a accompli des merveilles, mais il n'a pas pu les maîtriser. Chaque jour, il tente de s'adapter aux multiples sollicitations des systèmes qu'il a lui-même créés et dont il est devenu le prisonnier. Les systèmes se sont retournés contre lui, imposant leur rythme et leurs règles et, à cet instant, l'homme réactif, sans conscience, essaie de répondre à toutes les sollicitations.

De son côté, l'homme en conscience continue de rêver, d'inventer et d'imaginer un monde meilleur, une société plus juste, une meilleure qualité de vie. Tel est le paradoxe, telle est sa force. Et c'est ici que l'espoir réside.

Grâce à notre cerveau qui ne cesse d'évoluer, nous avons la capacité d'influencer notre environnement. D'ailleurs, les dernières découvertes scientifiques démontrent que la constitution de notre cerveau nous incite à investir notre environnement de façon spontanée et autonome, grâce à une créativité qui nous est très personnelle et qui répond au besoin de transposer notre monde intérieur dans le monde extérieur. C'est ainsi que les grands projets voient le jour. Il s'agit d'un processus de projection puissant qui finit par trouver une place concrète et matérielle dans sa réalisation.

Nous possédons également un autre atout qui va dans le sens de cette influence, de ce pouvoir et de cette création.

À notre insu, certaines petites parties de notre cerveau ont pour seule fonction de fureter dans l'environnement pour collecter des informations et en faire la synthèse afin d'acquérir de nouvelles réponses qui nous serviront, le jour venu. C'est ainsi que nous emmagasinons des informations nouvelles, capitales, dont nous pourrons nous servir, à un moment donné, pour créer, pour anticiper ou pour résoudre un problème. Il s'agit d'une activité spontanée et autonome, d'une automotivation cérébrale.

Ces deux informations indiquent bien que nous sommes naturellement constitués pour avoir une influence sur un contexte. Ce qui a été démontré à l'échelle planétaire par l'être humain est donc valable pour un seul homme. Un homme qui a un rêve, un désir, a la capacité de lui donner corps et de l'implanter au cœur de son environnement. Cette aptitude redonne le pouvoir à l'homme et lui permet d'organiser un contexte au sein du contexte.

Cette entrée en matière illustre bien le sujet qui va nous intéresser tout au long de ce livre : l'interaction puissante, passionnée et parfois mortelle qui existe entre l'homme et son environnement, interaction génératrice d'un stress plus ou moins intense, plus ou moins supportable et supportée. Cette réflexion indique également que l'espoir est bien là, que nous avons le pouvoir concret d'influencer notre environnement, que nous sommes construits pour le faire et que notre fonctionnement naturel n'est pas soumis à la dictature de la passivité.

Un retour vers l'homme

L'esprit d'un homme, c'est son unicité, c'est ce qui fait de lui un cas à part dans l'univers… jusqu'à preuve du contraire.

Cet esprit veille d'abord à ses besoins fondamentaux : sa respiration, les battements de son cœur, le processus de digestion et d'élimination, la destruction et la reconstruction des cellules. Ensuite, l'homme va développer des stratégies conscientes qui lui permettront de répondre à des besoins de survie : manger, boire, dormir, procréer. À ce stade, il doit déjà faire preuve de beaucoup d'imagination. Il vit des expériences dont il tire des conclusions. Il veille également à la stabilité de son quotidien, à sa sécurité, à son confort, à son bien-être ; ici, les stratégies deviennent plus complexes, plus créatives, plus performantes. Enfin, il doit gérer ses interactions avec les autres, tous les autres hommes, car il en a besoin. Il a besoin de leur amour, de leur amitié, de leur reconnaissance ; il a besoin de contribuer au groupe social, d'échanger et de partager. Cet ensemble d'interactions va faire appel à deux parties de son cerveau : le cerveau limbique, centre des affects, et le cortex, capable de raisonnement, de stratégie et d'anticipation. C'est poussé par ses besoins qu'il va se livrer à des expériences, plus ou moins réussies, qui le conduiront à se faire une certaine représentation du monde. Peu à peu, il va se constituer un monde intérieur, avec des croyances fortes, des règles, des valeurs. C'est au cours de ce processus qu'il va développer des talents, des capacités, des compétences qui vont le conforter dans son sentiment de la maîtrise qu'il est capable de déployer pour diriger sa vie.

Plus cet homme sera en connaissance de son corps, de son univers interne, de sa perception du monde, de ses besoins, de ses règles, de ses croyances, de ses valeurs, de ses affects, de ses compétences, de ses talents et de ses points faibles, bref, plus il saura qui il est et ce sur quoi il peut compter, plus il pourra anticiper, prévoir, décider et influencer.

C'est ce qu'il fait d'ailleurs assez naturellement, au sein d'une entreprise, quand il en évalue les besoins, les règles, les valeurs, les compétences mises en commun, celles qui manquent, les ressources que l'organisation pourra mettre en œuvre, les objectifs qu'elle devra atteindre, etc.

C'est également le principe de certains jeux de console vidéo où nous choisissons d'être un personnage qui va devoir affronter un contexte et que nous apprenons que nous avons tel profil, telles compétences, telles valeurs, tels outils qui vont nous permettre de mener à bien notre mission.

Curieusement, c'est ce travail de clarification que nous avons du mal à faire pour nous-mêmes. Bien souvent, nous restons dans le flou à notre sujet. C'est pour cela qu'il existe, par exemple, des bilans de compétences, du coaching, des tests au moyen desquels nous découvrons notre fonctionnement.

Or l'attitude proactive ne peut s'appuyer que sur une base définie, identifiée : savoir de quoi je pars, d'où je pars pour repérer dans le contexte ce que je veux et quels sont les moyens mis à ma disposition pour obtenir ce que je veux. Autrement, le contexte m'imposera son plan, son jeu ; j'évoluerai dans la réactivité, dans le stress.

Il est donc temps de replacer l'humain au centre des préoccupations sociales, politiques, économiques et scientifiques. Il est temps d'apprendre à mieux connaître l'homme, d'apprendre à le respecter. Il est temps que chacun prenne la responsabilité de sa propre découverte et de son devenir, que chacun reprenne son pouvoir.

L'environnement ou le système et les sous-systèmes

Notre environnement est constitué de systèmes – écologique, social, politique, économique – qui incluent des sous-systèmes comme la famille et des organisations diverses.

Pour survivre, pour évoluer, les hommes se sont regroupés autour de besoins fondamentaux, de valeurs ou de thèmes fédérateurs. Pour vivre ensemble, ils ont édicté des règles, écrites ou non écrites ; ils ont tissé des liens ; ils se sont réparti des rôles ; ils échangent et communiquent. C'est ainsi que se constituent des systèmes comme la famille, un groupe d'amis, une association, un village, une entreprise, un système économique, un syndicat, des communautés sur Internet, une corporation professionnelle. Un système est composé d'individus qui entretiennent des relations grâce à certains comportements de communication, lesquels se définissent par des échanges verbaux et non verbaux. Bouder une personne est un comportement de communication. Le silence est un comportement de communication.

« Les liens qui unissent les éléments d'un système sont si étroits qu'une modification de l'un des éléments entraînera une modification de tous les autres et du système entier[1]. » Cela signifie qu'un échange entre deux personnes aura des répercussions sur l'ensemble du système dans lequel elles évoluent.

Un système comme celui qui nous intéresse est un système ouvert : cela indique qu'il échange des informations avec l'extérieur ; par exemple, une entreprise entretient des relations avec différents partenaires. Un système est régi par un principe d'équilibre qui a pour but de le maintenir dans un état stable. C'est ainsi qu'il procède en permanence à des corrections tant sur le plan des transactions internes que sur le plan des transactions externes. Si un nouveau dirigeant souhaite faire adopter

1. Bateson, Jackson, Schefen, Sigman, Watzlawick, Birdwhistell, Goffman, Hall, *La nouvelle communication,* textes présentés par Yves Winkin, Le Seuil, collection Points Essais, 1981.

de nouvelles façons de faire dès qu'il entre en fonction, il se trouvera vite confronté à une série de comportements visant à préserver l'intégrité du système, lesquels anéantiront rapidement toute tentative de changement. Certaines de ces corrections peuvent être néfastes pour quelques éléments, mais c'est l'équilibre du système qui prime. C'est ainsi, par exemple, qu'au sein d'une entreprise des cadres évolueront dans une ambiance dure et stressante, que d'autres seront licenciés ou d'autres mis au placard. Au final, il est important de comprendre qu'un système devient très vite indépendant des raisons et des personnes qui lui ont donné naissance. Il n'a qu'un but : se maintenir en tant que système. Ce but dépasse, et de loin, toute considération concernant les éléments de ce système.

Un système pense d'abord à lui, il a son plan et il agit afin de rester ce qu'il est. Il n'est pas là pour vous ; au contraire, il attend de vous que vous alliez dans son sens.

C'est dans cet état d'esprit qu'il convient de l'aborder. C'est pourquoi vous devez savoir précisément ce que vous voulez, où vous allez, comment vous y prendre, sur quoi vous pouvez compter, quels sont vos points forts, vos ressources, quel est votre plan. Il s'agit de maîtriser votre cercle d'influence ; sinon, les situations proposées par le système se rendront maîtres de vous.

C'est donc une connaissance de tous ces mécanismes, des vôtres, de ceux du système, qu'il vous faut privilégier si vous souhaitez éviter de vous sentir ballotté, apeuré, stressé.

Dans la mécanique du stress, il existe deux acteurs : vous et l'environnement.

Le stress : comment ça marche ?

Le stress répond à une problématique d'adaptation entre l'homme et son environnement. Vais-je être capable de m'adapter à la situation qui se présente et qui semble être porteuse d'une menace ? La phase d'adaptation peut se faire à différents niveaux. Quand une situation ou un probl… sente, vous pouvez :

- Soit mener quelques petites actions qui vous protégeront momentanément ; par exemple, en parler à l'un de vos amis.
- Soit faire appel à des représentations mentales ; par exemple, imaginer une scène où vous êtes en train de vous venger.
- Soit laisser votre organisme effectuer des ajustements afin de vous préserver de cette agression. Par exemple, dans le cas d'une agression sonore, votre oreille procédera à des réglages minutieux pour que vous puissiez supporter cette nuisance.

Ces trois solutions ne sont guère satisfaisantes et c'est pour cela que le stress existe.

Mais qu'est-ce que le stress exactement ? Les expériences faites sur les animaux ont permis une définition primaire du stress négatif.

Vous mettez un animal dans un certain environnement, en l'occurrence, une cage. Soudain, vous le soumettez à une succession d'événements très déplaisants qui représentent une menace. Très rapidement, notre animal comprend qu'il ne peut ni fuir, ni combattre ; il n'a pas de réponse satisfaisante à apporter. C'est alors que l'organisme met en place des ajustements biologiques permettant à l'animal de survivre dans ces conditions ; c'est la phase d'adaptation passive. Si les agressions de l'environnement se répètent, apparaît alors un épuisement, un processus physique d'autodestruction.

En effet, de nombreux mécanismes physiologiques se mettent en route lors d'une situation de stress. Tout d'abord, au moment où nous comprenons que nous n'avons pas forcément une réponse immédiate à apporter à cette situation que nous estimons menaçante, l'adrénaline, hormone sécrétée par les glandes surrénales, est libérée dans l'ensemble du système nerveux central. Elle déclenche une augmentation du taux de sucre et du taux de graisse dans le sang ; une accélération du rythme cardiaque ; une élévation de la pression artérielle ; un ralentissement de la digestion ; et divers phénomènes comme l'augmentation de la sudation ou les poils qui se dressent. Il s'agit d'une phase d'adaptation active.

Si la situation se prolonge sans qu'une solution vienne y mettre fin, l'hypothalamus et l'hypophyse vont commander aux glandes surrénales de sécréter d'autres hormones, les glucocorticoïdes. C'est la phase de résistance, d'adaptation passive chargée de nous protéger et de nous permettre de tenir le coup. Mais – revers de la médaille – c'est aussi la phase qui nous tue à petit feu. Durant cette deuxième phase, le système cardiovasculaire est sévèrement mis à contribution ; le sang quitte certaines régions du cerveau, ce qui affecte les facultés de concentration, de jugement ; le foie maintient un taux élevé de sucre sanguin en pompant sur les protéines des tissus musculaires ; la production d'hormones sexuelles est réprimée ; et le système immunitaire déprime, ouvrant ainsi le champ aux maladies dont il est censé nous prémunir.

Quand la crise est passée, l'organisme subit un affaissement proportionnel au pic de cette crise, laissant le système nerveux dans un piteux état.

Si ces crises se répètent fréquemment, elles finissent par altérer considérablement notre niveau d'énergie, notre moral, notre corps. C'est la porte ouverte au surmenage, aux dépressions, aux maladies, à un corps qui exprimera sous diverses formes nos plaintes, notre souffrance.

Stress et réponses

Face à une menace, la réponse consistait donc à fuir ou à combattre. Ce comportement était valable à une époque très reculée, où l'homme fonctionnait selon des schémas simples. Quelque chose d'inattendu se produisait, il évaluait la menace et une action motrice s'accomplissait. Autrement dit, il prenait les jambes à son cou ou il empoignait son gourdin.

Depuis cette époque reculée, un événement majeur s'est produit : l'homme a développé son cortex. Il s'est policé, sophistiqué et, conséquence de son évolution, la représentation mentale s'est substituée à l'action motrice.

La représentation mentale est une reconstruction personnelle d'images internes déformées par les filtres intimes que sont nos critères (croyances, besoins et valeurs) ; par notre mémoire, qui réinterprète en permanence ; et par nos affects, qui apportent une coloration émotionnelle spécifique à cette reconstruction. Prenons comme exemple le mot « vacances » : pour certains d'entre nous, la représentation interne des vacances pourra être la vision d'une scène de randonnée dans la montagne, d'une bonne marche sportive où le corps transpire sous l'effort. Quel plaisir ! Pour d'autres, la scène se déroulera sous les palmiers et l'on se verra lové dans un hamac, en train de faire la sieste. Quel bonheur ! Ces représentations sont bien différentes : pour les uns, les vacances sont synonymes d'activités intenses au grand air ; pour les autres, elles signifient le repos absolu, le farniente.

Nos représentations se projettent sur le monde que nous observons et lui donnent une signification bien précise ; c'est notre vision du monde. De même, les informations que l'extérieur nous transmet sont interprétées en fonction de ces représentations, elles confortent notre vision du monde ou elles entrent en conflit avec cette vision.

Aujourd'hui, si nous sommes coincés derrière une voiture qui n'avance pas, qui nous nargue alors que nous sommes très en retard, nous n'allons pas prendre notre gourdin pour nous débarrasser du problème. Nous pouvons faire appel à une représentation qui va nous donner une certaine perception de cette situation et nous permettre de trouver une réponse plus adaptée aux règles sociales en vigueur. Par exemple, nous pouvons imaginer une scène au cours de laquelle nous injurions l'automobiliste en question ; nous pouvons aussi nous dire qu'il est probablement mal réveillé ou préoccupé et que, après tout, cela nous est déjà arrivé. Il s'agit d'une adaptation active, s'effectuant par l'intermédiaire de nos représentations mentales. Comme vous pouvez le constater, l'accès à une réponse satisfaisante devient plus compliqué que la fuite ou le gourdin.

La majorité des stresseurs actuels sont complexes, subtils, et les réponses nécessitent une capacité créative ainsi qu'une bonne connaissance de son environnement et de soi-même.

Au cours de son évolution, l'homme a inhibé ses réactions animales. Notre cerveau procède en permanence à des évaluations subtiles de la confrontation – environnement contre représentations mentales – et met en action des processus complexes.

Les réponses pouvant mettre fin à la situation stressante sont donc moins évidentes et, comme nous l'avons souligné précédemment, elles se jouent à d'autres niveaux. Si votre patron vous tyrannise chaque jour et que vous vous sentez coincé par la peur de perdre votre emploi, quelle solution pouvez-vous trouver ? Avoir une explication ? L'éviter ? Faire des exercices de relaxation ? Vous mettre en congé de maladie ? Ces solutions pourront peut-être régler à certains moments la tension qui règne dans ce rapport et le stress qu'elle génère en vous. Mais, cela dit, à long terme, les ravages de ce stress quotidien feront que vous serez le grand perdant et qu'en prime vous finirez certainement par quitter cet emploi.

Si, par contre, vous commencez à prendre conscience de vos besoins fondamentaux, des valeurs qui sont transgressées dans cette situation et de ce qui est important pour vous, puis que vous vous dessinez un nouvel objectif en fonction de vos talents, de vos compétences et de vos ressources, vous préparez votre avenir ; vous devenez proactif, trouvant ainsi une réponse satisfaisante à votre stress.

Le stress est avant tout une affaire de perception

Philippe et Bruno passent le bac. Le jour J, ils se dirigent vers le lieu de leur examen. Philippe se sent en pleine forme, plein d'une énergie faite d'un mélange d'appréhension et de jubilation dont il a le sentiment qu'elle va se transformer en concentration puissante. Il envisage cette première journée d'examen sous de bons auspices. Bruno, en revanche, est en train de vivre une expérience tout à fait différente. Il est fatigué, voilà une semaine qu'il éprouve de réelles difficultés à trouver le sommeil et, sa nuit précédente, malade, il l'a passée dans la salle de bains. Ce matin, il a rassemblé tout son courage pour se mettre en route ; il a les jambes flageolantes, il est confus et désorienté. Son seul objectif : survivre à l'épreuve qui l'attend. Un haut niveau de stress est à l'œuvre.

Deux personnes et deux façons différentes d'aborder le même événement. Que s'est-il passé ?

En fait, Philippe, élève plutôt moyen, a pris conscience en début d'année de l'écart qui le séparait de l'objectif déterminant de cette année de terminale. Connaissant ses points faibles et ses points forts, il a mis en œuvre une stratégie basée sur la constance de ses apprentissages. Il s'est organisé autour de cette notion de progression et de validation de ses acquis et, les mois passant, il a eu une sensation de plus en plus forte de maîtrise. Le jour de l'examen, il se sent prêt.

Bruno a commencé son année au même niveau scolaire que Philippe. Il est d'un tempérament très différent. Il aime prendre des risques, se faire vivre des émotions ; il compte souvent sur la chance. Quand il reçoit une mauvaise note, il pense que c'est le professeur qui lui en veut. Quand il n'a pas eu le temps de préparer un contrôle, il se trouve devant un défi très excitant qui consiste à trouver des astuces pour avoir une bonne note au nez et à la barbe du professeur. Bruno a une nette tendance à penser que tout va plutôt bien et qu'il a de grandes capacités qui ne sont pas forcément reconnues par tout le monde. Un mois avant le bac, il s'enferme pour réviser. Très rapidement, il se sent submergé. Le stress monte, il a plus de mal à se concentrer, il se fatigue. La veille de l'examen, il n'a pas intégré des pans entiers du programme.

Il n'y a pas de morale à cette histoire. Ce qui nous intéresse ici, c'est l'ensemble des besoins, des croyances, des valeurs et des souvenirs d'expériences qui ont façonné des comportements, des actions. Ce sont deux visions du monde, deux systèmes de représentations mentales différents qui interagissent avec leur environnement, qui mènent à des conclusions, à des décisions très différentes.

Les croyances, les valeurs et les besoins de Philippe sont différents de ceux de Bruno. Tous deux ont vécu la même année de terminale, le même programme avec les mêmes professeurs et, pourtant, le vécu intérieur, les actions, les décisions, les comportements ont été très différents. Si nous les avions interviewés, nous nous serions peut-être même demandé s'ils étaient dans la même classe, tellement leurs perceptions respectives auraient été divergentes.

Le processus de la perception

Pour mieux comprendre le processus de la perception, nous allons le détailler. La perception que nous avons d'une chose ou d'une situation est très différente pour chacun d'entre nous. Nous pouvons d'ailleurs le constater en écoutant les témoignages relatifs à un incident quelconque.

La perception est la résultante de quatre sources d'information. La *première source* d'information est sensorielle ; elle passe par le canal de la vue, de l'ouïe, du toucher, de l'odorat et du goût. Cette source d'information pourrait être objective, neutre, si les autres sources d'information n'arrivaient pas de façon simultanée, allant jusqu'à déformer l'image qui va s'imprimer au fond de notre rétine.

La *deuxième source* d'information fait appel à la mémoire. Nos sens étant chargés de nous informer sur l'état de notre environnement, il est important que nous donnions une signification à cette information. Nous allons donc nous servir de notre mémoire pour retrouver des expériences correspondant à cette information et les comparer. C'est alors que nous déclenchons automatiquement, par le biais d'associations teintées d'émotions, les deux dernières sources d'information.

La *troisième source* est «motivationnelle». Suis-je intéressé par cette information ? Très intéressé ? Correspond-elle à d'autres associations d'idées qui font qu'elle a un sens très fort pour moi ? Correspond-elle à l'un de mes besoins ? Le filtre de la motivation agit un peu comme une loupe. Il donne de l'importance à cette information, il la grossit.

La *quatrième source* d'information est évaluative. C'est ici qu'interviennent les filtres de distorsion, d'omission, de généralisation qui vont transformer définitivement cette information. Il s'agit de nos croyances et de nos valeurs, c'est-à-dire des critères qui peuplent notre univers intérieur. Ces critères, tel le lierre courant sur un mur, s'accrochent et se glissent dans les plus petits interstices de notre cerveau. Ils viennent se plaquer sur l'information qui nous parvient en rajoutant des reliefs, des détails, des couleurs ; ils en suppriment d'autres ou les transforment. C'est ainsi que nous donnons une interprétation à cette information, interprétation doublée d'un sentiment de certitude quant à sa véracité.

Dans une situation de stress, ce processus perceptif va intervenir sur deux plans : la perception de la situation et la perception de notre capacité à apporter une réponse à cette situation.

Il est important de comprendre ce mécanisme, car il démontre d'abord que c'est la perception de l'événement stresseur qui prime sur l'événement lui-même. Un changement d'emploi peut être vécu comme une expérience excitante ou comme un événement hautement stressant, selon les personnes concernées. La résultante de cette perception s'exprimera par l'affluence de certaines émotions – peur, anxiété, colère – et par le déclenchement de réflexions internes faisant l'analyse de la situation, le tout accompagné de commentaires personnels («La situation s'annonce mal, quelle catastrophe !» ou «La situation paraît jouable, c'est un défi !»). Ensuite, il sera question d'envisager les réponses possibles.

Le fait de connaître le mécanisme de la perception nous éclaire et nous donne un pouvoir d'action. Il nous permet d'abord de comprendre le côté subjectif de l'importance que l'on accorde au stresseur. Ensuite, il nous donne la possibilité d'examiner attentivement notre analyse et nos commentaires en tenant compte du rôle qu'ont joué les filtres personnels dans l'élaboration de cette perception.

Si nous reprenons l'exemple de Bruno et de Philippe, nous pouvons constater que leurs croyances différentes ont engendré deux perceptions de la situation opposées. C'est ainsi que l'on peut vérifier le bien-fondé de certaines motivations, croyances et injonctions.

Nous venons de commenter le premier niveau de la perception. C'est le moment où nous donnons un sens au contexte qui se présente à nous.

Le deuxième niveau de perception se traduit par un changement de focus. Nous allons reporter notre attention sur nous-mêmes, puisque nous sommes censés trouver une solution à la situation qui se présente. Quelles sont nos ressources ? Quels moyens allons-nous utiliser pour répondre au danger qui nous menace ? C'est un regard interne que nous allons porter sur nous ; ce regard passera au crible l'étendue des expériences sur lesquelles nous pouvons nous appuyer, soupèsera nos ressources matérielles, nos capacités, nos talents, bref, nous allons déterminer si la personne que nous sommes peut faire face à cette problématique et la résoudre. C'est à ce niveau que l'affaire risque de s'envenimer.

Si nous ne savons pas reconnaître que nous obéissons à des injonctions sévères (« Il faut absolument que je... »), à des croyances limitantes ou irréalistes quant à nos capacités, si nous ne sommes pas connectés à nos besoins et si nous n'avons qu'une idée très floue de nos talents, l'affaire est mal engagée. Nous risquons de nous estimer très rapidement débordés par la situation et de ne pouvoir y apporter que peu ou pas de réponse. Notre seule réponse sera la mise en place de la mécanique du stress jusqu'à la phase d'adaptation passive.

Si, au contraire, nous avons pris le temps de nous connaître, d'observer notre fonctionnement et de déterminer ce sur quoi nous pouvons compter, nous avons plus de pouvoir. Considérant les deux protagonistes – le contexte et soi-même – nous possédons à tout le moins une plus grande maîtrise de l'un des deux.

La perception que nous avons de nous-mêmes et du contexte déterminera non seulement nos commentaires, nos conclusions, nos décisions, nos comportements et nos actes dans une situation donnée, mais aussi l'intensité du stress que cette situation générera en nous. Nous pouvons l'évaluer sur une échelle de 1 à 4.

1. Nous faisons face à une situation inhabituelle ou imprévue ou bien nous identifions un défi. Nous estimons rapidement que nous sommes capables d'y apporter des réponses satisfaisantes. C'est le stress que l'on peut qualifier de positif, caractérisé par la présence de noradrénaline dans le sang.
2. Face à une situation considérée comme menaçante, nous évaluons le risque et nous ne sommes par sûrs de pouvoir y apporter une réponse satisfaisante. Phase du stress caractérisée par la présence d'adrénaline dans le sang (logique de guerre).
3. Nous sommes débordés par la situation, par le contexte, nous n'avons pas de réponse satisfaisante à proposer. Phase du stress caractérisée par la présence de cortisol dans l'organisme (phase de résistance).
4. La situation se prolonge dans le temps, puis c'est la phase d'épuisement, caractérisée par l'apparition de maladies physiques ou psychologiques.

Comme nous venons de le voir, c'est la perception que nous avons d'un « stresseur » et de notre capacité à donner une réponse satisfaisante qui détermine l'intensité de notre stress. C'est pour cette raison que certains événements sont vécus durement par certaines personnes et sans heurts par d'autres.

Évoquons maintenant un autre facteur appelé à jouer un rôle déterminant dans le «phénomène stress». Il s'agit du caractère d'imprévisibilité.

L'imprévisibilité : cause majeure du stress

Comment conduire un être humain vers un stress chronique? En peuplant son quotidien d'événements variés, imprévus, à une cadence irrégulière. Ces événements n'ont pas forcément besoin d'être désagréables, puisque c'est leur caractère imprévisible qui cause le stress. Si vous travaillez dans une ambiance où vous êtes dérangé sans cesse, interrompu dans votre tâche pour un dossier «qui ne peut pas attendre»; si les appels téléphoniques intempestifs ne sont pas filtrés; si les courriels urgents pleuvent; si vous recevez des ordres et des contrordres; et si, en plus, votre femme, votre mari ou vos enfants vous appellent pour régler en direct de multiples petites affaires... vous finirez votre journée dans un état de stress important. Si cette ambiance prévaut quotidiennement, vous êtes condamné au stress chronique, destructeur pour votre santé. Le stress chronique se traduit par un comportement hyperémotif. Vous filtrez de moins en moins bien les afflux d'information venant de l'environnement et le sentiment d'être submergé prend la place d'une certaine maîtrise émotionnelle. Quelle en est la cause?

«La sérotonine est un neuromédiateur[2] qui aide à filtrer [notre perception de] l'environnement et qui permet de contrôler les réponses motrices et émotionnelles. Cependant, Il est consommé par le stress[3].» C'est donc le manque de sérotonine qui provoque cette hyperémotivité, laquelle aura des

2. Neuromédiateur: substance chimique impliquée directement dans l'action d'un neurone sur les cellules ciblées.

3. Conférence intitulée «Stress et développement» donnée au Conservatoire national des arts et métiers (CNAM) le 8 février 2000 par Roland Jouvent.

conséquences sur votre comportement, vos décisions et vos actes.

Bien souvent, c'est par manque d'anticipation que nous nous retrouvons dans des situations imprévues. Prévoir, anticiper, ne pas remettre au lendemain, avoir une bonne organisation permet déjà de limiter le plus possible la quantité de ces stresseurs. Apprendre à définir ses besoins, ses priorités et ses valeurs permet de faire le reste du chemin vers plus de tranquillité. À ce sujet, des solutions bien concrètes seront évoquées tout au long des chapitres de ce livre.

Le stress lié à l'imprévisible est un type de stress sournois. Il affecte nombre d'entre nous, dans une société qui encourage l'urgence, la vitesse et la réactivité en exerçant une forte pression pour nous mettre au pas de son temps et de ses besoins.

Les personnes prisonnières de cette spirale réactive ne trouvent plus de points de repère, plus de ressources pour reprendre du pouvoir sur leur environnement. Elles vivent une grande partie de leur temps sous les effets négatifs du stress, dont les conséquences sont l'apparition de maladies psychologiques et somatiques. Aujourd'hui, le corps médical a acquis la certitude que nombre de troubles sont directement liés au stress et que de très nombreuses maladies trouvent leur origine dans le stress ou se déclenchent à l'occasion d'un épisode stressant.

Dépression, angoisse, trouble panique, fatigue chronique, épuisement, troubles du sommeil, maladies cardiovasculaires et cérébro-vasculaires, troubles gynécologiques, sexuels ou gastro-intestinaux, maladies de peau, vieillissement accéléré, troubles musculo-squelettiques : telle est la liste impressionnante des affections dans lesquelles le stress joue un rôle de premier plan.

Selon l'individu, tout événement est susceptible de devenir une source de stress. Chaque jour, des événements surviennent à partir d'un contexte. Ces événements ont deux origines : la première origine réside en nous-mêmes, elle est intrinsèque.

C'est l'effet boomerang, illustration de la maxime selon laquelle nous récoltons ce que nous avons semé. L'événement revient vers nous, conséquence du comportement que nous avons adopté ou de l'action que nous avons accomplie ou, au contraire, de l'action que nous avons omis d'accomplir (faire notre déclaration d'impôts, payer nos contraventions, accumuler des retards, des négligences, faire preuve d'une mauvaise gestion, se comporter de façon inappropriée, etc.). La deuxième origine réside à l'extérieur de nous-mêmes, elle est extrinsèque ; plus rare, c'est l'événement brutal et imprévisible (un chauffard, un décès).

Notre capacité d'intervention, de reprise du pouvoir va s'exercer sur les situations concernant la première origine, puisque ces situations ont toutes un point de départ commun : nous-mêmes.

La démarche d'un *coach* consiste en grande partie à responsabiliser son client. L'objectif est de le rendre fort et autonome, de lui redonner du pouvoir sur sa vie. Pour responsabiliser une personne, il est important qu'elle devienne consciente d'elle-même et qu'elle prenne conscience de sa situation ; qu'elle fasse des apprentissages et, surtout, qu'elle les mette en pratique. C'est un parcours qui donne la possibilité au sujet d'acquérir progressivement plus de maîtrise.

C'est pour toutes ces raisons qu'à partir du prochain chapitre, nous ne parlerons plus du problème, le stress, mais de ses solutions.

Nous allons progresser dans une démarche positive de coaching à travers les quatre cercles de la maîtrise que nous vous proposons.

Acquérir une belle autonomie, de l'assurance, une meilleure connaissance de soi ; une qualité de vie, des objectifs clairs, des échanges relationnels positifs ; une meilleure maîtrise de nos émotions et de nos comportements ; et surtout se reconnecter à la notion du plaisir de vivre, au quotidien, tout simplement, telle est notre ambition.

PREMIÈRE PARTIE

Le premier cercle de maîtrise : l'accroissement de l'énergie

Il faut entretenir la vigueur du corps pour conserver celle de l'esprit.
Vauvenargues

Pour chacun d'entre nous, le jour qui se lève signifie une certaine quantité d'actes à accomplir. S'occuper de ses enfants, accomplir des actions dans le cadre d'une activité professionnelle, faire aboutir des projets personnels, gérer le quotidien, échanger avec d'autres personnes, etc. Toutes ces tâches requièrent la mobilisation de ressources. Cela implique une activité cérébrale intense et des activités motrices qui élaborent des stratégies, aussi simples soient-elles, des savoirs et des savoir-faire. Cela nécessite surtout une dépense d'énergie.

Sans que nous en soyons bien conscients, avant chaque action, qu'il s'agisse de réfléchir sur un sujet, de commencer une activité sportive, une activité physique ou de diriger une réunion, nous nous posons la question suivante : ai-je l'énergie pour le faire ? À cet instant, nous évaluons le rapport « tâche à accomplir » et « réserve d'énergie disponible » pour la mise en œuvre des ressources personnelles. Si nous devions faire le parallèle avec une situation qui nous est familière – un trajet en automobile, par exemple –, la question pourrait être : Ai-je assez de cinq litres d'essence pour faire le trajet d'Ici-les-Bains à Là-Bas-les-Monts ? Non, avec cinq litres d'essence, vous pouvez rouler jusqu'à Paloin. Encore faudra-t-il tenir compte de l'état de votre voiture et de la vitesse à laquelle vous roulez.

L'énergie, c'est notre carburant. Se sentir privé d'énergie, quelle sensation handicapante ! Il suffit d'être malade une petite semaine pour se rendre compte à quel point nous nous sentons incapables d'entreprendre quelque action que ce soit dans cet état, même celle de réfléchir, et à quel point nos belles ressources, aussi brillantes soient-elles, sont pénibles à mobiliser.

Tout ce que nous allons pouvoir entreprendre ou non au cours d'une journée va dépendre de notre niveau d'énergie. S'il est élevé, nous nous sentons en position de force, nous nous pensons capables d'entamer des actions, des projets, des créations, de prendre soin des autres ; nos émotions sont plus sereines, nous maîtrisons mieux notre vie. S'il est bas, nous sommes fatigués, fragiles, et les multiples sollicitations de notre environnement s'introduisent en force dans notre espace personnel. C'est ainsi que nous gérons plus ou moins bien les événements qui se présentent à nous quotidiennement. Nous vivons alors au sein d'un espace réactif dans lequel il devient difficile de songer à reprendre du pouvoir sur notre vie.

La production de notre énergie est le résultat bien concret d'un mécanisme fort complexe régi par notre organisme, par notre corps. Examinons ensemble la façon dont notre corps s'y prend pour fabriquer cette énergie.

La production d'énergie

Notre organisme cherche à nous assurer en permanence le plus d'énergie possible.

La matière vivante est composée d'éléments appelés « atomes ». Ces atomes se combinent entre eux pour constituer des composés bien précis : l'eau, composée de deux atomes d'hydrogène et de un atome d'oxygène ; les glucides (sucres), composés principalement d'atomes de carbone, d'hydrogène et d'oxygène ; les lipides (graisses), composés d'atomes de carbone riches en hydrogène ; les protides (acides aminés, peptides et protéines), composés d'atomes de carbone, d'hydrogène, d'oxygène et d'azote.

Ces composés s'allient pour donner naissance à une cellule. Notre corps est composé de cellules. La cellule est l'unité de vie dans laquelle des transformations chimiques interviennent à partir des nutriments réduits à leur plus simple expression et donnent naissance à des molécules ATP (adénosine triphosphate) chargées d'apporter cette précieuse énergie permettant d'effectuer les échanges nécessaires à la vie de l'organisme, aux mouvements du corps, à la production de chaleur et aux échanges d'information.

Pour vivre, les cellules doivent ingérer des substances nutritives essentielles et rejeter des déchets métaboliques. C'est pourquoi nous avons besoin d'éliminer les toxines et les déchets.

C'est ici que la qualité de notre alimentation quotidienne entre en ligne de compte. En effet, lorsque certains aliments difficilement assimilables ne peuvent être éliminés, ils se stockent dans l'organisme. Ce stockage entraîne les conséquences suivantes :

- une gêne de l'oxygénation des cellules ;
- une gêne dans les communications entre cellules ;
- un phénomène de phagocytose (destruction par absorption) de particules, laquelle consomme de l'énergie ;
- un accroissement de la consommation d'énergie ;
- une diminution de la production d'énergie.

Nous assistons alors à la transformation de certaines cellules, à l'apparition de mauvaises réponses immunitaires, d'où la fatigue, les virus et les maladies. Étouffées par les déchets, nos cellules ont du mal à assurer leurs fonctions et à fournir de l'énergie ; et certaines vont mourir.

Une oxygénation maximale de l'ensemble de nos cellules est donc nécessaire pour leur bon fonctionnement.

Du petit exposé qui précède, retenons deux éléments déterminants pour la production de notre énergie :

- Évitons l'accumulation de déchets dans nos cellules ;
- Favorisons une bonne oxygénation de nos cellules.

C'est à partir de ces deux éléments fondamentaux que nous allons élaborer un plan de maîtrise de l'énergie basé sur deux objectifs :

- dépenser un minimum d'énergie,
- fabriquer un maximum d'énergie,

afin de disposer à tout instant d'une réserve qui nous permettra de mener à bien les diverses tâches de notre journée avec force et fluidité.

CHAPITRE PREMIER

Économisez votre énergie

Éviter de gaspiller son énergie, en dépenser un minimum et, soigneusement, l'économiser par tous les moyens, tels sont les objectifs que nous poursuivrons, dans un premier temps.

Tout au long de ce chapitre, nous allons voir comment rectifier les habitudes et les comportements qui favorisent l'accumulation des déchets dans l'organisme et qui empêchent une bonne oxygénation de nos cellules.

Nous verrons l'influence de ces habitudes et de ces comportements principalement dans :

- notre alimentation ;
- le respect du cycle naturel activité/repos, appelé « le cycle ultradien » ;
- l'ergonomie et les facteurs environnementaux.

L'alimentation

L'alimentation est notre principale source d'énergie, particulièrement le glucose. Elle se compte en calories. L'organisme d'un homme au repos absolu, dans une pièce dont la température se maintient entre 16° et 18 °C, dépense 1 580 calories uniquement pour assurer ses échanges métaboliques, sa digestion et la régulation de sa température.

Pour accomplir son activité quotidienne, sans dépense physique particulière, l'homme brûle 2400 calories et la femme, 2000 calories.

La calorie est la mesure de l'énergie libérée par les nutriments.

Nous pourrions donc en déduire qu'il suffit de se nourrir pour fabriquer suffisamment d'énergie. L'affaire est plus complexe. En effet, certains aliments produisent une importante quantité de déchets, ralentissent le processus de digestion, se stockent dans l'organisme et étouffent peu à peu nos cellules. Pour reprendre la métaphore de notre voiture, imaginons le cas d'un véhicule équipé pour fonctionner avec de l'essence super sans plomb que nous alimenterions avec de l'essence super. Très rapidement, le moteur de notre voiture s'encrasserait, les filtres catalytiques s'engorgeraient et, étouffée par l'accumulation des résidus, notre voiture s'essoufflerait et finirait par tomber en panne.

Il en est de même pour notre alimentation quotidienne. Certains aliments, loin de nous apporter de l'énergie, tuent nos cellules.

Avant de les passer en revue, sachez que le simple fait de digérer requiert une dépense d'énergie très importante. Quand nous digérons, notre énergie est peu disponible car une grande partie de notre corps se met au service de la digestion.

Numéro un au palmarès : la digestion

Avez-vous déjà remarqué ce petit «coup de pompe» qui vous frappe une demi-heure après la fin d'un repas ? Cette baisse brutale d'énergie indique bien que votre corps mobilise «ses troupes» pour mener à bien une des tâches les plus délicates, les plus importantes : digérer.

Nos aliments, avant d'être transformés ou éliminés, sont traités à différents niveaux de l'organisme :

1. Dans la bouche, d'abord, au moment de l'absorption, alors que certaines enzymes contenues dans la salive s'attaquent à la digestion des sucres.
2. Dans l'estomac, ensuite, où le suc gastrique transforme les aliments en une bouillie claire. C'est la phase cruciale qui requiert le plus d'énergie. Les protéines sont digérées en trois heures, les graisses en sept ou huit heures. Plus vous aurez absorbé de matières grasses, plus votre digestion sera longue et ardue.
3. Dans l'intestin grêle, qui transforme les grosses molécules complexes en molécules simples. Ainsi, les *glucides* (sucres) sont transformés en sucres simples ; les *protéines* sont dégradées en acides aminés ; et les *lipides* (graisses) sont dégradés en corps gras simples. Cette dégradation s'opère grâce au pancréas, qui fournit l'acide pancréatique, et à la bile hépatique sécrétée par le foie. Les produits de la digestion des glucides, des protides et des lipides, qui nourrissent la cellule, sont drainés par le sang en passant par le foie.
4. Dans le colon ; c'est ici qu'a lieu le dernier brassage des aliments non absorbés. Il y a aussi évacuation des matières fécales vers le rectum. Les aliments y séjournent 16 heures.

La digestion au niveau de l'estomac peut prendre entre trois et neuf heures, selon la nature des aliments. Si l'on souhaite économiser son énergie, cela devient une question d'arithmétique. En effet, au rythme de quatre repas par jour, plus les grignotages, certaines personnes passent leur journée et leur nuit à digérer. Elles monopolisent ainsi la majeure partie de leur énergie disponible. Il en résulte un état de fatigue important.

Ce qu'il faut retenir

La digestion consomme beaucoup d'énergie. Les aliments contenant des corps gras sont les plus longs à digérer. La digestion nocturne empêche le repos de l'organisme. Les grignotages empêchent également la restauration de l'énergie, puisqu'ils relancent un nouveau processus de digestion.

Voyons maintenant les habitudes alimentaires qui nuisent à la bonne santé de nos cellules.

Manger des sucreries

L'absorption des glucides par l'organisme, et surtout leur concentration dans le sang, se fait plus ou moins rapidement selon le glucide en question. Les sucres à index glycémique bas, dits «sucres lents», sont des bons glucides. Les sucres à index glycémique élevé, dits «sucres rapides», sont des glucides nocifs pour l'organisme. En voici la raison.

La concentration de sucre dans le sang est étroitement surveillée par l'organisme, qui recherche en permanence l'équilibre du taux de sucre. Pour obtenir ce taux idéal, il déclenche certaines actions de régularisation.

Les sucres rapides provoquent une hyperglycémie due à un afflux soudain et concentré de sucre dans le sang; l'indicateur devient alors trop élevé, obligeant le pancréas à sécréter de l'insuline, dont le rôle est de faire baisser le taux de sucre.

Cependant, le sucre rapide provoquant un afflux brutal et condensé de sucre dans le sang délivre à l'organisme une information inquiétante. L'organisme va donc réagir très fortement en éliminant trop de sucre, ce qui provoque une hypoglycémie (plus assez de sucre dans le sang). Or, le sucre est notre premier carburant énergétique. Notre système nerveux fonctionne principalement avec le glucose et les molécules fournissant l'énergie s'alimentent principalement en glucose. Quand vous êtes privé de sucre, vous n'avez plus d'énergie. Un deuxième indicateur s'allume alors pour réclamer du sucre. Si vous reprenez un sucre rapide pour compenser ce manque, il sera également chassé de l'organisme par une autre poussée d'insuline. Cette montagne russe – élévation du taux de sucre-poussée d'insuline – fatigue considérablement l'organisme.

Vous trouverez en annexe une liste des sucres rapides.

Ce qu'il faut savoir

Remplacez le sucre blanc par du fructose (sucre de fruits), sucre lent à index glycémique bas.

Évitez le plus possible les glucides ayant subi un processus de raffinage (pain blanc). Les produits raffinés sont plus sucrés.

Évitez les boissons gazeuses et les jus de fruits en bouteille. Sachez que 1 litre de coca-cola contient l'équivalent de 22 morceaux de sucre.

Contentez-vous d'une quantité lilliputienne de biscuits, gâteaux, crème glacée, barres chocolatées, bonbons, confitures, flocons de maïs et maïs éclaté.

D'un autre côté, gardez à l'esprit que votre organisme nécessite chaque jour 65 % d'apport en glucides ; consommez donc des sucres lents.

Tout au long de la journée, chaque fois que vous absorbez des aliments trop sucrés, soyez conscient du fait que vous diminuez votre énergie.

Boire trop d'alcool

L'alcool constitue une nuisance pour l'organisme. Certes, sa consommation à certains moments privilégiés de l'existence fait partie des plaisirs de la vie ; c'est donc aussi une affaire de modération.

Cependant, sur le plan de la digestion, sujet qui nous intéresse, soyez bien conscient qu'au-delà d'une quantité assez minime, l'alcool représente une agression pour notre système digestif :

1. Il agresse les muqueuses de l'œsophage, de l'estomac et de l'intestin, où il provoque des inflammations.
2. C'est un poison violent pour le foie, auquel revient le rôle de le métaboliser. Or, le foie ne peut traiter que 6 g d'alcool à l'heure. À titre d'information, sachez qu'un verre de vin contient 10 g d'alcool. À partir de 30 g d'alcool par jour, l'organisme est en état de souffrance.
3. L'alcool entraîne une mauvaise absorption des nutriments au niveau de l'intestin, ce qui expliquerait certaines carences, comme celles en vitamines A et C. De fortes quantités d'alcool peuvent provoquer des lésions hémorragiques au niveau de la paroi interne de l'intestin.
4. L'alcool épaissit le sang, ce qui a pour effet de réduire l'apport d'oxygène au cerveau ; il détruit massivement nos cellules cérébrales et diminue considérablement notre résistance aux maladies.

Fumer

À chaque bouffée de cigarette, 7000 composants identifiés – divers agents cancérigènes, en majeure partie – se libèrent dans la fumée. L'oxyde de carbone, sous-produit de la combustion incomplète du tabac, se fixe sur l'hémoglobine des globules rouges en la transformant en carboxy-hémoglobine, ce qui réduit considérablement l'oxygénation du sang. Les goudrons sont des condensats de fumée carcinogènes et cancérigènes. Les cellules sont étouffées et détruites par une surproduction de radicaux libres[4] qui les bombardent sans répit.

Boire trop de café

La caféine est un excitant du système nerveux central. Elle crée une énergie artificielle qui emprunte à crédit sur nos forces. Il nous faut ensuite rembourser ce que nous avons emprunté, avec des intérêts. Elle irrite l'estomac, le gêne dans sa tâche, car elle cause une augmentation de la sécrétion acide dans l'estomac ; elle n'est donc pas recommandée chez les personnes souffrant de troubles de l'acidité ou de reflux gastrique. La caféine peut perturber la digestion. Elle stimule le pancréas, qui génère ainsi une sécrétion d'insuline peu opportune. La combinaison café-sucre est redoutable et installe une fatigue nerveuse importante.

Ce qu'il faut savoir

Un expresso contient 90 mg de caféine ;
une tasse de café décaféiné en contient 5 mg.

Si vous optez pour du café décaféiné, choisissez de préférence un café qui a été traité à l'eau, car ce procédé de décaféinisation semble plus naturel et n'implique pas de produits cancérigènes.

Manger trop gras

Les lipides constituent une réserve concentrée de carburant. Ils sont nécessaires au bon fonctionnement de nos cellules. Cependant, un quota de 25 % de matières grasses sur le total

4. Les radicaux libres sont des molécules dérivées de l'oxygène qui se trouvent provisoirement dans un état instable. Ces molécules réagissent rapidement avec les molécules voisines et oxydent la cellule. Elles sont mises en cause dans les processus de vieillissement, d'inflammation et d'infarctus du myocarde.

des calories est suffisant. Au-delà de ce pourcentage, les corps gras se stockent dans le tissu adipeux.

Vous trouverez en annexe les pourcentages élevés de matières grasses contenus dans les produits les plus courants.

La graisse provoque un épaississement du flux sanguin, ce qui nuit au transport de l'oxygène par les globules rouges. Les déchets sont importants et se fixent sur les artères. Ils engorgent également le réseau lymphatique chargé de collecter et d'éliminer les déchets.

Ce qu'il faut savoir

Attention aux mauvaises graisses : les corps gras trop vieux et non protégés de la lumière accélèrent la dégénérescence des cellules. Les graisses contenues dans la viande, la charcuterie, la margarine, les laitages, et certaines huiles qui résistent mal à la cuisson (l'huile qui résiste le mieux à la cuisson est l'huile d'arachide) élèvent le taux de cholestérol, favorisent l'athérosclérose (obstruction des artères) ainsi que l'obésité.

Trop de protéines

Les protéines sont les matériaux de construction de la matière vivante. Notre organisme a donc besoin quotidiennement d'une certaine quantité de protéines – 50 à 60 g pour un adulte pesant 70 kg. Consommées au-delà de ce dosage, elles sont une source de fatigue et de baisse d'énergie. La surconsommation journalière entraîne une multiplication des cellules graisseuses, un excès d'azote dans le sang – cause de fatigue – et une production d'acide urique que le corps ne peut éliminer. L'acide urique se loge dans les articulations, favorisant l'arthrite et la goutte. Enfin les protéines animales produisent de l'acidité, ce qui oblige l'organisme à puiser dans ses réserves pour rétablir l'équilibre, notamment en se servant du calcium. L'excès de protéines est donc également responsable de l'ostéoporose (raréfaction de la substance osseuse).

Consommez de préférence un mélange de protéines végétales et animales. Ce mélange est nécessaire, car les protéines végétales ne peuvent fournir une quantité suffisante de tous les acides aminés fondamentaux.

Ce qu'il faut retenir

Limitez votre consommation de protéines à 60 g par jour en tenant compte des laitages, des viandes, des œufs et du pain. Référez-vous aux proportions suivantes :

20 g de protéines = 2 fines tranches de jambon ou 1 œuf ou 75 g de veau, de bœuf ou de volaille, ou 60 g de porc, d'agneau, ou 100 g de poisson.

Privilégiez les viandes blanches comme le veau, le poulet sans peau, le blanc de dinde, les poissons. Soyez modéré dans la consommation d'abats ou de viande de porc, de bœuf et d'agneau.

Ne buvez pas trop d'eau pendant les repas

Évitez de boire trop d'eau pendant les repas, la digestion sera ainsi moins longue. L'eau a tendance à noyer les enzymes digestives, allongeant le temps de séjour gastrique des aliments et obligeant ainsi les organes producteurs de ces enzymes à en sécréter davantage.

L'équilibre acide-alcalin

Le potentiel d'hydrogène de nos cellules, ou leur pH – soit l'indice exprimant l'activité ou la concentration de l'ion d'hydrogène dans une solution – est légèrement alcalin[5]. Si vous ingérez trop d'aliments acides, votre organisme va déployer de l'énergie pour neutraliser l'excès d'ions acides et maintenir son pH. Ce rétablissement de l'équilibre consomme une grande quantité d'énergie, l'organisme se retrouvant encombré par une grande quantité de déchets acides qu'il doit éliminer – d'où une fatigue importante.

Les aliments acidifiants dont il convient de limiter la consommation sont les suivants:

- viandes et poissons;
- sucres blanc et roux;
- alcool, café, thé, chocolat;
- lait, fromage, œufs (le blanc);
- beurre, graisses végétales;
- lentilles, haricots rouges et blancs, pois chiches;
- prunes, abricots;
- amandes.

Notre corps a pour fonction de nous fournir l'énergie dont nous avons besoin. La nourriture est la matière première qui lui permet de fabriquer cette énergie. Selon ce que nous mangeons, nous avons le pouvoir d'affaiblir notre organisme, de porter atteinte à la vie de nos cellules ou de produire un maximum d'énergie, comme nous le verrons un peu plus loin.

Le cycle naturel activité-travail

Se nourrir, manger est la première occupation de l'être humain. Ce besoin est vital, mais dans plusieurs pays, aujourd'hui, il reste la préoccupation fondamentale de nombre de personnes. À la base, c'est bien pour répondre à ce besoin que nous avons mis au point une foule d'activités

5. La concentration d'ions d'hydrogène dans un liquide détermine s'il est acide ou basique (alcalin). Une solution acide contient plus d'ions d'hydrogène; son pH est inférieur à 7. Une solution alcaline contient moins d'ions d'hydrogène; son pH est supérieur à 7. Chez l'homme, l'équilibre acide-base du sang maintient un pH de 7,35 à 7,45. Ce sont les reins et les poumons qui éliminent les acides dès qu'ils se forment.

nous permettant de gagner chaque jour notre pain quotidien. Ces activités se regroupent sous le nom barbare de « travail » qui vient du latin *trepalium* signifiant « instrument de torture ».

Le travail a beaucoup évolué. Dans nombre de pays, il est passé d'une variété de tâches manuelles ou physiques à des tâches nécessitant une activité cérébrale importante.

Au cours d'une journée, nous obéissons naturellement à des cycles : nous nourrir à certaines heures, travailler et nous détendre, être en activité quand il fait jour et dormir quand il fait nuit.

Le corps nous fait vite connaître ses limites et ses besoins. Un effort physique prolongé appelle sans discussion possible un temps de repos, de récupération.

Il en est de même en ce qui concerne les tâches cognitives. Un effort, un travail appelle un temps de récupération, de repos. Ce temps de récréation indispensable à notre équilibre est basé sur un rythme au nom étrange : le rythme ultradien[6].

Le rythme ultradien

Chaque cellule de notre corps est composée d'une membrane plasmique, d'un protoplasme – petite usine de production d'énergie, de transformation des nutriments et centre de répartition des informations – ainsi que d'un noyau qui, d'une part, contrôle la reproduction et le métabolisme de la cellule et, d'autre part, contient les précieuses informations génétiques – véritable bibliothèque de données, héritage de l'humanité, carte d'identité de chaque individu.

Nous possédons à peu près six trillions de cellules constituant notre peau, notre squelette, notre cerveau, nos organes internes, notre sang, etc.

Ces cellules ont pour fonctions principales de se nourrir, de produire de l'énergie et de communiquer entre elles.

6. La théorie développée autour du rythme ultradien est due à Ernest Lawrence Rossi. Référence : Stress Under Pressure, Stanford University, *The Symptom Path to Enlightenment,* Visa, 1996, mise à jour en 2002.

Elles communiquent notamment par l'intermédiaire de molécules messagères – les hormones – qui empruntent les voies sanguines et viennent se fixer sur leurs récepteurs. Il est intéressant de savoir que chaque cellule possède un nombre impressionnant de récepteurs : de quelques milliers à plusieurs centaines de millions, selon ses fonctions. C'est ce qu'on appelle de la communication profonde ! C'est ainsi qu'un va-et-vient permanent d'information s'opère entre le cerveau, le corps et le gène. Cela veut dire que nous avons accès à des informations contenues dans chaque cellule de notre corps, dans nos gènes, et que ceux-ci sont informés en permanence des expériences subjectives vécues par notre cerveau. Tous ces processus d'information ont pour but de maintenir l'organisme en conscience de lui-même, en éveil, afin qu'il puisse ordonner en permanence les ajustements nécessaires au maintien de son équilibre. Notre croissance cérébrale est également due à ce processus de communication.

L'organisme est donc informé de ce qui se passe à l'extérieur et à l'intérieur de lui-même. C'est ainsi qu'il tient compte de rythmes dont il est tributaire. Le rythme circadien, par exemple, est lié au cycle jour-nuit qui a une influence sur les messages véhiculés par l'organisme. Quand la nuit tombe, l'œil perçoit la baisse de luminosité et, aussitôt, un certain nombre de processus se mettent en place. De même, il existe des rythmes plus rapides comme le rythme cardiaque, le rythme respiratoire ainsi que celui des processus internes d'ingestion et d'élimination chargés de nous maintenir en vie. Ces rythmes sont dits « ultradiens », car ils sont plus rapides que le rythme circadien.

L'activité cérébrale dépend du rythme naturel ultradien. Basé sur un mode activité-récupération, il s'étale, selon les individus, sur une période allant de une à trois heures. Ce rythme est conditionné par les informations qui circulent en boucle, grâce aux molécules messagères, entre les cellules cérébrales et les cellules du corps, ces dernières produisant alors, à leur tour, d'autres molécules messagères qui circulent dans le sang pour revenir vers le cerveau. Ce rythme ultradien règle la plupart des processus mentaux et biologiques jusqu'au niveau génétique Nous savons maintenant que la mémoire, les apprentissages et les comportements sont dépendants du flux naturel circadien et ultradien d'hormones messagères qui sont le canal de communication principal entre le cerveau, le corps et le gène. Dans le cas du rythme ultradien, ces hormones sont chargées d'informer l'organisme que, toutes les deux heures environ, il se produit une saturation des cellules qui ont été monopolisées par leurs tâches et qu'elles ont besoin d'un temps de récupération. C'est alors que se déclenche une série de signaux : légère tension des muscles au niveau du corps, crispation des mâchoires, respiration moins ample ; concentration plus difficile, nervosité, anxiété, fatigue ; erreurs, saturation de l'apprentissage, du processus créatif ; baisse du niveau d'énergie, sensation de faim ou de soif ; émotions proches de la colère ou du coup de déprime. Tous ces indices nous informent également que des changements biologiques sont en train de se produire : c'est la montée du stress.

Le cycle ultradien d'activité-récupération comporte quatre phases :

- une phase d'éveil, de montée en puissance ;
- une phase dite de performance ;
- une phase d'apparition du stress ;
- une phase de récupération.

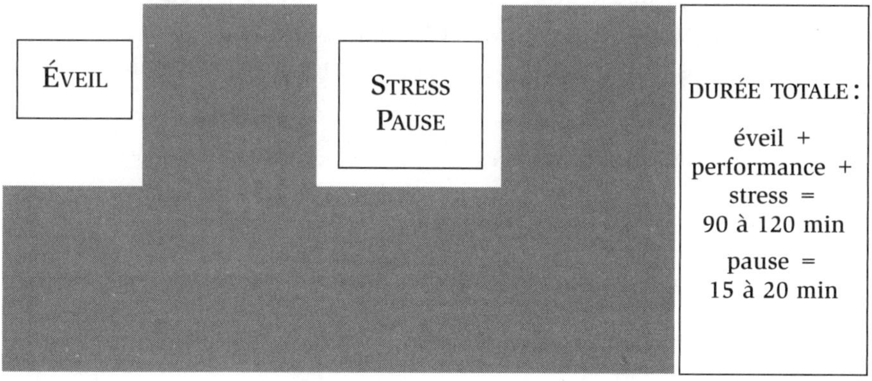

Les trois premières phases se déroulent sur 90 à 120 minutes; la phase de repos est au minimum de 15 minutes. C'est une phase pendant laquelle il est important de pouvoir interrompre les processus d'information qui sont en cours. Pendant ces minutes profondes et importantes, l'esprit et le corps resynchronisent leurs nombreux rythmes et systèmes. Les déchets oxydés et les radicaux libres qui se sont accumulés dans les tissus pendant la période précédente – période de haute performance et de stress – sont éliminés des cellules. Les «magasins» des molécules messagères vitales à la communication sont remplis à nouveau et les réserves d'énergie sont restaurées.

L'impact le plus significatif de ce rythme se fait sentir sur le plan de nos performances mentales et physiques ainsi que sur la résolution de problèmes et l'apprentissage en général.

Si la zone de stress ultradien est ignorée, si les pauses ne sont pas prises, le stress grandit. Si les pauses sont constamment évitées, c'est le stress chronique, qui cause de nombreux dégâts, tant sur les cibles physiques privilégiées que sur l'état émotionnel interne et les capacités cognitives.

Il est intéressant de savoir que des expériences faites en laboratoire ont montré que le fait de travailler trop longtemps sur des tâches mentales, sans aucune pause, augmente le temps de résolution d'un problème de 500 %[7].

Dans l'idéal, une journée de travail doit être ponctuée de pauses fréquentes. De nombreuses études en productivité du travail ont conclu que le fait d'instaurer des pauses officielles accroît la productivité. Ces études préconisent un temps de pause d'une durée de 15 % à 25 % du temps de travail[8].

---

7. Dr Donald Norfolk, Executive Stress, «Personal Effectiveness Under Pressure», Stanford University.

8. Dr Étienne Grandjean, directeur du département d'ergonomie de l'Institut Fédéral de Technologie.

La pause

Bien souvent, les gens restent dans l'ignorance de ce que leur corps essaie de leur dire. Apprendre à reconnaître les signaux annonciateurs de la phase de stress et en conclure que le moment de la pause est arrivé permet de lutter efficacement contre l'installation du stress.

Le temps de la pause correspond au temps de la récréation cérébrale et physique. Levez-vous, marchez et bougez. Étirez vos muscles, détendez votre cou, faites des mouvements de la tête; redressez-vous, rejetez vos épaules en arrière; tenez-vous droit et respirez profondément. Si vous avez la possibilité d'aller faire un petit tour à l'extérieur, c'est encore mieux.

Pensez récréation; ne vous jetez pas sur les journaux, les cours de la Bourse ou les courriels en retard. Téléphonez à un ami, à vos enfants, à votre mari ou à votre femme; parlez de choses plaisantes, distrayez-vous. Organisez votre sortie au théâtre ou au cinéma, votre week-end ou vos vacances. Occupez-vous de votre bien-être et prenez les rendez-vous nécessaires à votre santé, à votre détente. Bref, orientez votre esprit vers des pensées distrayantes et agréables.

Buvez de l'eau fraîche. Bien souvent, nous sommes déshydratés sans le savoir. La déshydratation augmente le niveau de stress. L'eau a un effet profond sur les fonctions cérébrales; un léger manque d'eau est lourdement ressenti par la biochimie de l'organisme. De même, l'apparition de maux de tête en fin de journée et le manque de concentration sont souvent dus au manque d'eau.

Mangez un petit en-cas, si nécessaire; un fruit, par exemple. Cela fait remonter le taux de glucose, carburant nécessaire au bon fonctionnement de notre cerveau.

Le stress ainsi que l'apparition de certaines maladies sont dus à la non-compréhension des rythmes de communication corps-esprit et au non-respect des signaux qu'ils envoient. Nous n'écoutons pas, nous tirons sur la corde, nous forçons la mécanique, laquelle a besoin d'être entretenue et, mus par un sentiment optimiste de toute-puissance, nous pensons que nous pouvons échapper aux cycles naturels.

Toute la complexité du cycle ultradien démontre qu'il existe bien un temps pour l'activité intense, la performance physique ou cérébrale, et un temps pour la récupération, la régénération, la re-création.

Faire une pause dans la matinée ou au cours de l'après-midi signifie prendre soin de soi, déjouer le stress et récupérer son énergie. Cependant, même lorsque vous êtes en pleine activité, nombreuses sont les petites attentions et précautions que vous pouvez mettre en œuvre pour éviter la déperdition d'énergie ainsi que la fatigue et bénéficier d'un maximum de bien-être.

Prenez soin de votre écologie personnelle

Les postures que nous prenons tout au long de la journée sont une manifestation de notre équilibre mental et physique. Quand nous sommes fatigués ou déprimés, nous adoptons une certaine façon de nous tenir ; de même, certaines postures ont une influence directe sur notre état interne. Cette relation en boucle, posture du corps et état émotionnel interne, est maintenant bien connue et l'on sait, par exemple, que si une personne broie du noir, un changement radical de sa physiologie peut faire disparaître les sombres pensées.

Ergonomie

Devant la complexité des tâches humaines, il s'est avéré nécessaire d'étudier l'interaction entre ces tâches et la capacité de notre organisme à pouvoir les mener à bien sans se blesser, sans se nuire. Certaines personnes travaillent debout, d'autres assises, mais en règle générale, il faut bien reconnaître que l'homme passe maintenant le plus clair de son temps assis : assis dans sa voiture, assis devant la télévision, assis pour lire et assis devant son ordinateur.

Nombre d'entre nous sont assis derrière un bureau, penchés sur des dossiers et des papiers ou face à un ordinateur. C'est dans cette position à première vue sans danger que maintes lésions corporelles surviennent.

Tout d'abord, le point commun à toutes ces activités est qu'elles requièrent de regarder vers le bas pendant une période prolongée. Cette position anormale décale la tête de son axe et augmente le poids de cette dernière. Si votre tête est décalée de 2,5 cm par rapport à l'axe de votre colonne vertébrale, elle pèse 2 fois plus; si elle est décalée de 5 cm, elle pèse 3 fois plus lourd. Cette position stressante cause ou contribue à causer des tensions migraineuses, des problèmes de vision ainsi que des douleurs de la mâchoire et du cou.

De même, lorsque vous êtes ainsi penché, vous créez une tension musculaire qui contribue à l'installation d'un stress, vous réduisez l'irrigation sanguine vers le cerveau ainsi que l'oxygénation et vous évoluez vers des états émotionnels internes pesants, voire désagréables ou pessimistes.

Les mauvaises postures déséquilibrent l'alignement des os, contribuent à une perte de la capacité pulmonaire, réduisent la vigilance, la vitesse de réaction et la productivité au travail. Elles contribuent également au vieillissement accéléré des tissus de notre corps.

Il n'existe qu'un seul remède à cette situation: se tenir droit! Adoptez une posture droite en vous asseyant et en marchant. Le plus souvent possible, redressez votre tête, visualisez la position de votre cou et faites quelques petits exercices qui vous permettent de rééquilibrer sa position.

Pensez également à faire quelques respirations profondes.

Pour travailler assis, choisissez, si possible, un siège de qualité, prévu pour soulager le dos; installez votre écran d'ordinateur juste en face de vous, ni trop bas, ni trop haut; bref, prenez toute mesure qui vous permet un bon alignement de la colonne vertébrale et de la tête. Voici quelques recommandations de l'Association canadienne d'ergonomie en ce qui a trait à une bonne position assise:

- Maintenir les articulations, comme les hanches, les genoux et les chevilles, légèrement ouvertes (plus de 90°).
- Respecter un angle de 0° à 30° pour le haut du corps (en tenant le dos droit) ; toujours tenir la tête alignée avec la colonne vertébrale.
- Maintenir un angle de 0° à 20° pour ce qui est de l'alignement vertical de la partie supérieure des bras ; un angle de 90° à 120° entre le bras et l'avant-bras ; et un angle de 0° à 20° dans l'alignement horizontal de l'avant-bras.
- Supporter les avant-bras ; tenir les poignets droits et alignés avec les avant-bras.
- Placer l'objet sur lequel on travaille dans un angle de 10° à 30° sous la ligne de visibilité directe.
- Garder les épaules détendues et les coudes près du corps.
- Rapprocher le menton de la poitrine et ne pas se pencher lorsqu'on regarde vers le bas ou vers l'avant.
- Changer de position fréquemment, mais respecter les angles recommandés.
- Alterner le croisé des jambes.
- Éviter de se pencher sur le côté ou vers l'avant ; ne pas s'affaler sur le bureau.
- Ne pas demeurer assis plus de 50 minutes de suite.

Les facteurs environnementaux

L'environnement dans lequel nous travaillons a une influence déterminante sur notre niveau de stress quotidien. Certains types d'environnement sont perçus comme étant très agressants ; l'aménagement de bureaux en «*open space*», par exemple, crée un environnement dans lequel chaque employé est contraint de surveiller ses propres faits et gestes sous le regard curieux ou furieux d'un collègue qui se sent dérangé.

De nombreuses études ont démontré que l'aménagement d'un bureau a une répercussion directe sur les gains en productivité d'une entreprise. Quand l'environnement d'un bureau est perçu comme très agréable et qu'il tient compte du mode de vie de chacun, ces gains peuvent passer de 10 % à 102 % [9] à la suite d'un réagencement optimal des installations.

Au cours de ces études, on a aussi pu constater que le fait de changer le mobilier pour un mobilier bien adapté faisait passer les gains en productivité de 10 % à 37 %. De même, une amélioration du système d'éclairage augmentait ces gains de 6 % à 11 %.

Les principaux facteurs environnementaux qui doivent être pris en compte sont la lumière, la température ambiante, l'humidité ou la sécheresse de l'air et, bien sûr, le bruit.

Il est important de pouvoir vivre et travailler à la lumière du jour, mais si tel n'est pas le cas, le minimum requis pour le bien-être d'une personne est un éclairage électrique très conséquent.

Une pièce trop chauffée ou trop conditionnée a des effets nocifs sur les personnes, sur leur santé et sur leur productivité.

Il est également démontré que les personnes qui ont la chance d'avoir une vue sur de la verdure sont bien moins fatiguées en fin de journée que celles qui ne contemplent que le béton.

Le design et la beauté des lieux jouent également un rôle dans nos humeurs.

L'environnement concerne également la taille de l'entreprise. Le premier message qu'une entreprise envoie à ses employés concerne le contexte de travail[10]. L'entreprise prend en considération le nombre de personnes et le lieu ; plus elle est vaste et regroupée sur un même lieu, plus les circuits de communication sont compliqués.

La cohabitation d'un trop grand nombre de personnes dans un même espace favorise le sentiment d'anonymat. Une société qui regroupe 1 000, 2 000 ou 3 000 employés peut donner en permanence un sentiment d'inutilité très désagréable et diminuer l'engagement personnel.

---

9. Dr Walter B. Kleeman, fils, *Interior Design of the Electronic Office,* Stress Under Pressure, Stanford University.

10. *Proxémique : la nouvelle communication,* Edward T. Hall et Yves Winkin, 1981, Seuil, collection Points Essais.

Si le lieu regroupe 50, 100 ou 200 personnes, l'individu n'est plus anonyme. Il est connu par l'ensemble de ses collègues, par sa hiérarchie immédiate ; il se sent plus important, plus responsable.

Travailler pour des entités abstraites qui comptent des centaines, voire des milliers d'employés empêche la personne de situer la cohérence de l'étape qu'elle assume par rapport à la vision générale d'un projet. En quoi exactement participe-t-elle à la réalisation d'un objectif et quelle est la valeur ajoutée de sa contribution ?

Lorsque nous travaillons dans un lieu regroupant 100 personnes, nous comprenons vite à quoi et à qui sert notre participation et quelles en sont les conséquences. De même, l'information circule plus rapidement et l'engagement personnel des employés est plus important.

La dimension physique d'une entreprise constitue donc un facteur environnemental qui influe sur la dispersion ou le regroupement de son énergie. Quant à l'employé, le sentiment d'être assimilé à un numéro facilement remplaçable peut générer du stress chez lui.

Ce qu'il faut retenir

Nous sommes les gestionnaires de notre énergie. Nos cellules sont porteuses de l'énergie dont nous avons besoin.

Une mauvaise alimentation détruit notre énergie. Or, nous sommes sollicités de toutes parts pour manger des produits dévoreurs d'énergie. Même l'industrie agro-alimentaire n'hésite pas, dans sa publicité, à utiliser l'argument santé lorsqu'elle propose des produits ne contenant que du sucre et du gras. Les enfants sont les premières victimes de cette surenchère, ingurgitant en toute confiance des aliments gras et des boissons sucrées. L'obésité, la fatigue et des états nerveux fragiles sont la résultante de cette nouvelle alimentation trop riche, trop toxique et trop abondante.

Écouter les messages de notre corps et faire des pauses permet d'éviter la montée du stress. Notre organisme peut alors évacuer les déchets toxiques contenus dans les cellules cérébrales. Faire deux pauses par jour permet de garder un contrôle sur nos états internes ; on est moins vulnérable, on se concentre mieux et on est plus productif.

Il est important de veiller à la façon dont on se tient et de faire attention aux postures qui peuvent nous blesser à long terme. Prendre soin de soi par tous les moyens, accepter d'être dans un confort quotidien sans se maltraiter : si nous pensions ne serait-ce qu'à la moitié de tout cela, notre vie serait déjà transformée.

Éviter le grand gaspillage pour profiter d'un surcroît d'énergie au quotidien : pensons-y tous les jours et inculquons sur ce plan de bonnes habitudes à nos enfants. Cette prévenance vis-à-vis de soi-même, ce respect de tous les jours participe dans des proportions très importantes à notre bonheur quotidien. Nous en sommes les gardiens.

CHAPITRE 2

Fabriquez de l'énergie

Nous avons fait la moitié du chemin vers la pleine forme. Souhaitez-vous faire une expérience nouvelle ? Changez vos habitudes pendant une dizaine de jours et expérimentez le programme de l'énergie maximum.

Quels sont les habitudes et les comportements que nous devrions privilégier pour permettre à nos cellules de fournir en permanence un maximum d'énergie ? Nous allons voir ce qu'il en est sur le plan des quatre fonctions suivantes :

- L'alimentation ;
- La respiration ;
- L'activité physique ;
- Le sommeil.

Ces quatre fonctions sont susceptibles de faire toute la différence en matière de qualité de vie. Ne perdons pas de vue notre objectif : oxygéner au maximum nos cellules et leur permettre de produire le moins de déchets possible.

L'alimentation de la pleine forme

La nature est prolixe. La terre est à elle seule un immense jardin qui met à notre disposition une diversité de fruits, de légumes, de plantes et de graines qui regorgent de vitamines, d'oligo-éléments et de substances aux pouvoirs guérisseurs. C'est un jardin d'Éden coloré qui nous offre ses bienfaits. Nombre de ces produits sont d'ailleurs surnommés «alicaments», car ils ont la propriété de prévenir des maladies particulièrement nocives pour l'homme: les maladies cardiovasculaires et les cancers.

Découvrons maintenant quels sont les aliments qui engendrent une belle énergie, ayant pour conséquence un fonctionnement optimal de l'organisme. Ces produits tiennent compte de la qualité des molécules ingérées et de la capacité de l'organisme à les assimiler. Le but est d'apporter un maximum d'aliments riches en principes actifs afin d'équilibrer et de renforcer le métabolisme.

Consommez des fruits et des jus

Le secret d'une bonne santé? Ayez toujours un fruit à portée de main. Une petite fringale? Mangez une pomme. Si vous souhaitez avoir une forme optimale, consommez des fruits et des jus de fruits et de légumes frais. Certaines personnes préfèrent les fruits, d'autres préfèrent les jus. Un jus se digère en 15 minutes et les fruits frais en 30 minutes. Si vous voulez récupérer tous les bienfaits de la nature au sommet de leur efficacité et sous une forme hautement énergétique, apprenez à manger des fruits et à boire des jus de légumes et de fruits. Les jus rincent l'organisme et apportent immédiatement leurs principes actifs, vitamines, oligo-éléments, fibres, etc., dans le sang. Les jus fraîchement pressés sont à consommer instantanément. Sachez que les jus de fruits en bouteille n'apportent aucune vitamine. À chaque repas ou pause de la journée, consommez des fruits, des jus de fruits ou de légumes frais, jus de carottes et de tomates, de céleri, de radis noir; mélangez-les;

préparez-vous des cocktails à l'heure de l'apéritif. Cette consommation représente votre meilleur atout forme et santé.

Mangez des salades de céréales germées

Les graines de céréales ou de légumineuses que l'on fait germer pendant trois jours apportent à l'organisme tous les minéraux dans des proportions harmonieuses et en association synergique. Ce sont les meilleures sources de minéraux comme le calcium, le magnésium et le phosphore. Une graine germée concentre toutes les propriétés du légume qu'elle devrait devenir à la puissance cinq.

Pour consommer des céréales germées, vous aurez à effectuer quelques recherches : fréquenter certains Salons, acheter un petit guide. Le principe est très simple. Il s'agit de graines de céréales ou de légumineuses (blé, soja, lentilles, orge, fenugrec, cresson, etc.) qui ont chacune des propriétés bien particulières et extrêmement actives.

En dehors des traditionnels glucides, lipides et protéines, les graines germées contiennent toutes les vitamines existantes et dans des proportions très importantes. Enfin, elles fournissent à nos enzymes les ferments qui leur permettent d'accomplir leurs fonctions au meilleur niveau. Il faut les consommer au moment où elles atteignent le développement maximum de leurs propriétés, soit après trois jours de germination. Vous pouvez les déguster en salades.

Les légumes verts et les légumes frais

Ici, le choix est immense : tomate, haricots, carotte, navet, petits pois, brocoli, poireau, bref tous les légumes frais de la création fournissent de l'énergie. N'hésitez pas à les mettre copieusement à votre menu, d'autant plus que les corvées d'épluchage n'existent pratiquement plus. Ils sont à consommer crus ou cuits à la vapeur ou au four à micro-ondes. La cuisson à l'eau leur fait perdre une grande partie de leurs propriétés.

Privilégiez également les légumes dits «lacto-fermentés», qui contribuent à renouveler la flore intestinale et à combattre les levures dans l'organisme. Les grands légumes lacto-fermentés sont: le chou, la carotte et la betterave, dont la teneur enzymatique est exceptionnelle. Consommez-les en début de repas.

Misez également sur le brocoli, un des meilleurs légumes de la planète. Il a une teneur très élevée en vitamine C et en fibres, mais il fournit également du magnésium et du fer.

En règle générale, privilégiez toujours les légumes frais, quels qu'ils soient. Prenez l'habitude d'agrémenter chaque repas avec une salade verte, consommez la tomate sous toutes ses formes. Faites également des soupes. Les légumes se digèrent très vite et ne laissent que peu de déchets.

L'alimentation est notre première alliée si l'on veut atteindre et garder une forme optimale. Les études n'en finissent plus de décrire les bienfaits des aliments cités précédemment et, chaque jour, de nouvelles découvertes font la une des journaux spécialisés. C'est pourtant à notre époque, où l'alimentation est beaucoup moins chère qu'il y a 50 ans et où la vie de la femme au foyer est considérablement facilitée, que l'on voit apparaître un problème majeur mondial, l'obésité, avec toutes ses conséquences sur la santé. La santé de demain passe par notre hygiène alimentaire. Aujourd'hui, plus de 200 000 études nous indiquent que l'alimentation est décisive pour préserver notre santé ou nous créer de toutes pièces des problèmes de santé. Elles nous indiquent également que l'allongement de l'espérance de vie et le rajeunissement spectaculaire des nouvelles populations vieillissantes sont bien en étroite corrélation avec notre hygiène alimentaire.

La respiration

La respiration est la fonction clé de l'organisme; le fonctionnement harmonieux de tous les organes du corps dépend du bon échange d'oxygène et de gaz carbonique. La respiration est l'échange d'oxygène et de dioxyde de carbone (dit aussi «gaz carbonique») entre l'atmosphère et les cellules de l'organisme. Elle permet d'enrichir le sang en oxygène et de rejeter les déchets gazeux – du gaz carbonique, notamment – dont le sang est chargé, ce qui permet de maintenir l'équilibre acido-basique sanguin. La respiration est une ventilation pulmonaire qui s'effectue au rythme de 15 ou 16 mouvements respiratoires par minute. Cette respiration-ventilation pratiquée dans des atmosphères souvent confinées ou polluées ne permet pas une oxygénation optimale de nos cellules. De plus, les déchets accumulés dans la lymphe et dans le flux sanguin empêchent également une oxygénation correcte des cellules.

Si vous souhaitez aider votre organisme et vos cellules à recevoir plus d'oxygène, vous pouvez pratiquer deux fois par jour les exercices de respiration forcée qui suivent. Cette respiration apporte un afflux d'oxygène important dans le sang et accélère l'élimination des toxines.

Premier exercice

1. Commencez votre exercice en inspirant fort par le nez et en gonflant l'abdomen; disons que le temps de cette inspiration dure 4 secondes.
2. Vous restez ensuite en apnée pendant 16 secondes (4 fois le temps de l'inspiration).
3. Vous expirez pendant 8 secondes (2 fois le temps d'inspiration).
4. Vous répétez le mouvement de respiration 10 fois.

Deuxième exercice

Voici une variante de l'exercice précédent:

1. Mettez le bout de votre langue derrière les dents supérieures du devant et faites-la glisser vers le haut, jusqu'à ce qu'elle repose sur le tissu mou entre les dents et la voûte palatine. Gardez cette position tout au long de l'exercice.

2. Expirez par la bouche de manière ample et audible.
3. Fermez la bouche et inspirez calmement en comptant jusqu'à 4.
4. Retenez votre respiration en comptant jusqu'à 7.
5. Expirez par la bouche de manière ample et audible en comptant jusqu'à 8.
6. Répétez le mouvement 4 fois, puis respirez normalement. Faites cet exercice 2 fois par jour.

Bougez votre corps : l'aérobie et l'anaérobie

Il existe deux types d'activité physique. La première, sur laquelle nous portons ici notre attention, consiste à bouger notre corps en *crescendo,* permettant ainsi à notre système respiratoire et cardiovasculaire de s'adapter à un effort progressif et constant. Le jogging est le type même de ce genre d'exercice dit «aérobique». *Aérobie* signifie «avec oxygène». Quand l'organisme fonctionne en aérobie, l'apport d'oxygène est égal à la consommation d'oxygène. Quand vous bougez, votre organisme consomme plus d'oxygène, mais vous adaptez votre respiration afin d'en inhaler davantage dans l'air qui vous entoure.

Quand vous pratiquez des exercices en aérobie, l'ensemble de votre système respiratoire et cardiovasculaire bénéficie d'une oxygénation plus intense; la respiration est plus rapide et plus profonde; le cœur s'accélère, il est plus tonique; l'élimination des toxines s'accélère.

Faire de l'exercice en système aérobie développe votre endurance, améliore la santé du système cardiovasculaire, brûle les graisses et, surtout, oxygène les tissus, le sang et les muscles. Cela favorise également une élimination des toxines et des déchets, d'où un renforcement de votre système immunitaire. En prime, vous y gagnez un meilleur moral, une chute des états anxieux, une amélioration des états dépressifs et une réduction importante du stress.

Pour pouvoir parler d'une activité sportive bénéfique, une fréquence hebdomadaire de 3 séances de 50 minutes chacune est recommandée.

Le deuxième type d'activité physique réclame rapidement des efforts intenses à notre corps. Le système respiratoire, le système cardiaque et le système musculaire sont brutalement sollicités. Au-delà d'un certain nombre de battements par minute correspondant à un certain effort, l'organisme n'est plus en mesure d'assurer une ventilation pulmonaire adaptée et il commence à manquer d'oxygène.

Plus l'effort est intense, plus la proportion de glycogène brûlé augmente et plus la proportion de lipides brûlés diminue. L'organisme a donc besoin de glycogène, qu'il va chercher dans ses réserves – principalement dans le système nerveux, qui en fait une grande consommation pour assurer un fonctionnement optimal.

Privé de son glycogène, l'organisme souffre : faible taux de glucose, fatigue physique et nerveuse, accentuation de l'état dépressif, problème de graisses qui ne s'éliminent plus, apparition de douleurs musculaires et articulatoires.

Quels sont les signes d'un passage en anaérobie ?

- On parle difficilement en pratiquant l'activité, car on est trop essoufflé ;
- L'exercice est très fatigant et on sent que l'on doit aller puiser dans nos réserves ;
- Les battements de notre cœur ne sont plus réguliers.

Les exercices en anaérobie se font donc en insuffisance d'apport en oxygène. La musculation est une activité anaérobique puisqu'elle nécessite un effort intense. Cependant, vous pouvez la pratiquer par petites séquences de 20 minutes au sein de votre activité sportive en aérobie.

Développer sa masse musculaire comporte de nombreux avantages. En effet, une masse musculaire plus grande prend la place de la masse graisseuse et oblige ainsi l'organisme à brûler des calories en permanence, même quand l'activité sportive est terminée.

Les conséquences d'une activité sportive

L'activité sportive régulière assure une meilleure oxygénation de l'organisme et participe activement à l'élimination des déchets. Avec l'hygiène alimentaire, elle est l'un des piliers incontournables de la bonne santé et de la pleine forme. Elle l'est d'autant plus si vous êtes sujet à la dépression, aux migraines, à l'anxiété et au stress.

Plus votre corps bouge et s'entraîne, plus il est capable de se dépenser ; il devient tonique. Les personnes inactives se fatiguent vite et ne se sentent plus la force de bouger. C'est un cercle vicieux. L'activité sportive, quant à elle, fabrique une énergie importante.

Dormez paisiblement

Nombre de personnes sont fâchées avec le sommeil. Elles estiment que c'est une perte de temps, toutes ces années passées en position horizontale, alors que la vie est si courte. Cette position a également mauvaise réputation : c'est pour les fainéants ! Un homme, ça se tient debout et ça s'active !

Dans certains milieux se développe le mythe de l'homme au-dessus des lois biologiques, lequel aurait dompté les lois naturelles du sommeil, pour se contenter de quatre ou cinq heures de sommeil par nuit, tout en étant en pleine forme. Ce mythe, basé sur des croyances négatives au sujet du sommeil, est bien issu de cette société productiviste du XXe siècle, chagrinée par toutes ces heures perdues. Ah ! si l'homme pouvait produire et consommer 24 heures sur 24 !

Vous allez découvrir que le sommeil n'est pas un acte passif, que sans cette période indispensable, les idées créatives ne seraient pas au rendez-vous, les résolutions rapides de problèmes non plus, sans parler de tous les processus de régénération. Soyez rassuré, vous ne perdez pas votre temps quand vous dormez.

Que se passe-t-il quand nous dormons ?

Les différentes phases du sommeil sont commandées par un groupe de neurones situé dans le tronc cérébral[11]. Certains des groupes de neurones situés dans l'hypothalamus activent le sommeil profond, d'autres déclenchent le sommeil paradoxal et d'autres, l'éveil. C'est ainsi que les neurones de l'hypothalamus postérieur interviennent dans la régulation de l'éveil et que ceux de l'hypothalamus antérieur interviennent dans l'apparition du sommeil lent et du sommeil paradoxal. Le sommeil survient donc lorsque, sous l'influence probable de la sérotonine libérée au cours de l'éveil, la région préoptique (hypothalamus antérieur) et les régions proches du télencéphale basal sont activées.

On a pu remarquer, notamment, qu'une hormone naturelle, la mélatonine, produite par la glande pinéale ou épiphyse[12], est relâchée exclusivement pendant la nuit. Elle informerait l'organisme que le temps du sommeil réparateur est bien là. En effet, la première fonction de ce repos nocturne est la réparation et la régénération de notre organisme.

C'est pendant la période du sommeil paradoxal que les hormones corticostéroïdes, régulatrices du métabolisme et des ressources de notre énergie, font leur apparition. Ces hormones ont des vertus anti-inflammatoires, antipyrétiques, analgésiques et antiallergiques. Elles jouent un rôle déterminant dans notre vitalité ainsi que dans notre résistance à la fatigue et aux infections.

L'hormone de croissance hGH (*human growth hormone*) est relâchée dans les périodes de sommeil profond. Cette

11. Tronc cérébral : partie inférieure du cerveau, prolongement de la moelle épinière. Il regroupe le bulbe, la protubérance annulaire et le mésencéphale.

12. Épiphyse : glande endocrine de la grosseur d'un pois, située dans le cerveau. Les hormones épiphysaires règlent les réactions de l'organisme à la lumière et à l'obscurité.

hormone, produite par l'hypophyse, sert à activer le processus de synthèse protéique au niveau de la cellule. Les protéines servent à la construction des cellules de notre corps. En effet, chaque jour, plusieurs dizaines de milliards de nos cellules meurent. Notre organisme, comportant 100 000 milliards de cellules, les renouvelle sur un cycle de 7 ans. Nous avons donc besoin de cette hormone pour que se réalise le processus de renouvellement cellulaire.

L'hormone de croissance règle également l'activité des hormones sexuelles; elle accélère la réparation des fractures osseuses et diminue le taux de cholestérol dans le sang. Elle est essentielle pour la croissance de l'enfant et se révèle également indispensable à l'adulte.

Il est intéressant de savoir que, quand l'organisme est privé de périodes de sommeil profond ou de sommeil paradoxal, il tentera de les récupérer en priorité sur les périodes de sommeil qui suivront. De même, un exercice physique important pendant la journée augmentera la période de sommeil profond, alors qu'un exercice intellectuel soutenu allongera la période de sommeil paradoxal.

La température corporelle suit ce rythme biologique; elle se situe entre 36,5 °C et 37,5 °C selon les individus et influe sur l'acuité de la vigilance: plus notre température corporelle est basse, plus notre vigilance est relâchée. Elle atteint son niveau le plus bas vers 4 h 00 du matin et commence à augmenter vers 6 h 00. Pour les personnes travaillant la nuit, la période qui s'étend de 3 h 00 à 6 h 00 du matin est donc la plus critique, car l'organisme réclame le sommeil. On observe également une légère baisse de température au milieu de l'après-midi.

Les raisons du sommeil

Nombre des connaissances acquises à ce jour sur le sommeil l'ont été grâce à des expériences effectuées en laboratoire, chez des sujets volontaires. Au cours de ces expériences, on a pu établir que toutes les phases du sommeil sont indispensables à notre organisme.

Le sommeil constitue une période privilégiée. Il marque un temps de pause, une parenthèse pendant laquelle l'organisme récupère, se remet des contrariétés et des problèmes rencontrés durant la journée.

Le sommeil favorise la résolution de nos problèmes, qui sont variés et plus ou moins ardus. Des pouvoirs indépendants du raisonnement se mettent en action. L'hémisphère droit de notre cerveau s'active intensément pendant la nuit et trouve des solutions que nous ne pourrions pas ébaucher sans sa participation, le jour, avec notre hémisphère gauche. Nombre d'inventeurs ont trouvé les réponses aux problèmes sur lesquels ils travaillaient grâce à des périodes de sommeil. L'hémisphère droit est un hémisphère de synthèse et d'analogie qui possède généralement toutes les réponses à nos questions, mais il reste assez silencieux pendant le jour. Un proverbe populaire dit que «La nuit porte conseil», et c'est exact. C'est même plus que cela. Nos projets avancent pendant la nuit, notre cerveau trie, compare, réorganise, actualise le traitement de son information et propose des solutions.

Le sommeil est un espace de créativité. Le rêve, à condition de s'en souvenir, est un merveilleux outil de création. Victor Hugo a reconnu qu'il avait conçu *La légende des siècles* grâce à ses rêves[13]. Les récits et les images de nos rêves favorisent la création.

Les expériences effectuées jusqu'à ce jour démontrent que l'on dort notamment pour les deux raisons suivantes:

- Le sommeil profond[14] est nécessaire à la restauration de l'énergie physiologique et physique;
- Le sommeil paradoxal[15] est nécessaire à la réorganisation des apprentissages, au traitement de l'information factuelle et au traitement du matériel émotionnel.

13. Pierre Fluchaire, *La révolution du sommeil,* Robert Laffont, 1984.

14. Les périodes de sommeil profond correspondent à 20% de la durée totale de notre sommeil. Il s'agit d'un état d'inconscience totale. La plus grande partie de ce sommeil est au début de la nuit.

15. Sommeil des rêves: 20 à 25% de notre temps de sommeil. Les périodes de sommeil paradoxal sont plus importantes en fin de nuit.

On sait également que le sommeil paradoxal compte pour 80 % du temps de repos chez le fœtus, pour 50 % chez le nouveau-né et pour 35 % chez l'enfant de trois ans. Il se trouve que ces périodes correspondent, chez l'enfant, à un apprentissage intensif ; son cerveau traite sans répit et à une cadence soutenue une foule de données qui doivent être organisées.

Les troubles du sommeil

Selon Joël Paquereau, professeur au CHU de Poitiers et secrétaire général de la Société française sur le sommeil :

> « Près de 60 % des gens se plaignent d'insomnies ponctuelles. L'insomnie sévère, c'est-à-dire un mauvais sommeil toutes les nuits avec des conséquences diurnes très importantes en matière de somnolence, touche environ 5 % de la population. L'insomnie modérée, un mauvais sommeil deux ou trois nuits par semaine, concerne quant à elle 10 % de la population. L'insomnie a surtout des répercussions sur la vigilance, ce que l'on pourrait appeler le syndrome de l'insuffisance de sommeil, avec troubles de l'attention, de la mémoire, et somnolence. Cette somnolence diurne excessive peut être à l'origine d'accidents de voiture et d'absentéisme au travail. Enfin, des insomnies sévères sont épuisantes, la personne se sent très mal. Le risque principal est alors la dépression et les troubles anxio-dépressifs. »

Les problèmes de sommeil sont plus importants chez les personnes de plus de 60 ans, atteignant les 20 % d'insomnie chronique. Dormir devient plus difficile, du fait de la disparition presque complète du sommeil profond.

La plupart du temps, l'insomnie fait suite à un état anxieux ou l'accompagne. Des ennuis personnels (santé, famille, couple, argent, sexualité) la déclenchent et l'entretiennent.

On distingue trois types d'insomnie :

- *l'insomnie initiale*, qui s'accompagne de difficultés à l'endormissement ;

- *l'insomnie du milieu de la nuit,* qui s'accompagne de réveils nocturnes fréquents ou prolongés ;
- *le réveil prématuré,* avec incapacité de retrouver le sommeil pour finir sa nuit.

On considère qu'il y a un problème d'insomnie à partir du moment où les périodes d'éveil dépassent 30 minutes consécutives au milieu de la nuit ou quand on n'obtient pas 6 heures de sommeil complet et qu'une certaine somnolence se fait sentir durant la journée suivante.

Si l'on dort moins de six heures et que l'on est en pleine forme le lendemain, on peut considérer que l'on n'a pas de problèmes de sommeil. De même, si l'on a besoin de neuf ou dix heures de sommeil pour se sentir reposé, on doit savoir respecter son rythme.

Les solutions naturelles

La solution de facilité, bien souvent préconisée par le corps médical, fait appel à des somnifères. Une personne rencontre soudainement des difficultés à l'endormissement ou se réveille durant la nuit ; elle consulte son médecin de famille, et la prescription médicale préconise un petit cachet à prendre le soir. Bien souvent, cette solution temporaire devient une habitude. Il existe pourtant des réponses naturelles, lesquelles vont vous demander de revoir complètement la façon d'aborder votre nuit. Les vrais insomniaques le savent : bien souvent, la principale cause de leur insomnie est la crainte obsessionnelle de l'insomnie. À force d'avoir peur de ne pas dormir, elles se mettent déjà dans l'état d'angoisse qui les empêche de dormir. Comme, dans ces conditions, le sommeil ne vient pas, elles augmentent leur angoisse. C'est un cercle vicieux.

Créer de bons points d'ancrage

Avez-vous déjà remarqué qu'à la suite de certaines circonstances, vous n'aimiez pas vous retrouver dans certains lieux ?

Par exemple, retourner dîner dans le restaurant où votre conjoint vous a gentiment annoncé qu'il vous quittait ou revenir sur les lieux d'un événement pénible ? Ce phénomène est tout à fait normal. En effet, quand nous vivons un événement, qu'il soit plaisant ou déplaisant, c'est la totalité de notre corps et de nos émotions qui y participe. Dans le même temps, le cerveau enregistre non seulement l'événement, mais l'ensemble du contexte dans lequel nous sommes : les odeurs, les sons, l'environnement, les couleurs, etc. Le cerveau garde en mémoire l'ensemble de la scène. Et c'est ainsi que, même des années plus tard, lorsque l'un des éléments du contexte ressurgit, la mémoire retrouve immédiatement l'émotion liée à l'événement qui est survenu. Vous ressentez alors avec force l'état interne dans lequel vous étiez à cette même époque. Vous pouvez d'ailleurs fort bien avoir oublié l'événement, mais l'objet ou l'endroit rappellera l'émotion en quelques secondes. Si elle est désagréable, vous aurez tendance à éviter ce lieu.

Quand, la veille, vous avez passé des heures à faire les cent pas dans votre chambre, en attendant un hypothétique sommeil qui ne venait pas et en vous angoissant à l'idée de la journée que vous alliez devoir affronter le lendemain, que croyez-vous qu'il se passe lorsque vous retrouvez cette même pièce le soir suivant ?

Dans un même ordre d'idées, si votre chambre est un haut lieu de distraction ou de travail, croyez-vous sincèrement qu'elle inspire un état interne de calme et de sérénité ?

Les points d'ancrage sont très puissants. Pour les personnes les plus sensibles, il est important que la chambre à coucher soit un lieu qui puisse être associé à l'état de sommeil.

- Il est donc important d'être dans son lit uniquement pour dormir. Ne vous mettez pas au lit trop tôt, c'est un mauvais calcul. Vous pouvez retarder l'heure du coucher jusqu'à ce qu'un état de somnolence apparaisse. Si vous ne trouvez pas le sommeil ou si vous vous réveillez souvent et longtemps pendant la nuit, sortez de votre chambre et allez dans une autre pièce. Ne revenez dans votre lit que pour dormir. L'association qui doit se mettre en place est la suivante : chambre *égale* lit *égale* sommeil ; et non : chambre *égale* activité ou récréation. Donc, ne vous installez pas dans votre chambre pour regarder la télévision, écouter la radio ou manger.

- Les rituels sont également des points d'ancrage. Si vous avez l'habitude de vous brosser les dents juste avant d'aller au lit, alors que vous êtes déjà anxieux à l'idée de ne pas dormir, le fait de vous brosser les dents tous les soirs au même moment activera l'état d'anxiété. Changez les rituels que vous accomplissez avant de dormir. Les rituels sont composés d'une succession de petits actes auxquels vous vous livrez avant d'aller au lit. Associez de nouveaux rituels à votre nouvelle approche du sommeil.
- Les insomniaques sont souvent persuadés qu'ils n'ont pas dormi de la nuit. Or, cette évaluation est souvent irréaliste, car ils ont dormi. Le fait de penser qu'ils n'ont pas du tout dormi augmente l'état d'anxiété. Pour mieux évaluer votre temps de sommeil, vous pouvez avoir un agenda de sommeil dans lequel vous noterez les progrès de votre temps passé au lit à dormir ainsi que les périodes passées hors du lit. Vous y inscrirez également quels sont les actes ou les idées qui ont présidé à la journée écoulée. Cela vous permettra d'évaluer réellement votre temps de sommeil, votre temps d'insomnie ainsi que les événements qui marquent une meilleure nuit ou une mauvaise nuit.
- Évitez la consommation de boissons ou de médicaments contenant de la caféine l'après-midi et le soir. Diminuez fortement votre consommation de nicotine dans la soirée.
- Évitez l'alcool le soir ou buvez-en modérément.
- Les repas copieux du soir accentuent et prolongent tard dans la nuit l'activité de votre système digestif, d'où une très mauvaise qualité de sommeil.

- Faites de l'exercice en aérobie qui améliore la qualité du sommeil profond, mais respectez une période de trois heures entre la fin de l'exercice et l'heure du coucher. En effet, l'exercice physique crée une hyperstimulation de l'organisme dans un premier temps.
- Votre chambre à coucher doit être associée à la notion de repos, de calme, de plaisir et de sommeil. Évitez donc d'y installer un bureau pour travailler, une télévision, etc.
- Après le repas du soir, n'acceptez plus d'évoquer des sujets qui entraînent une hyperactivité mentale ou émotionnelle.
- Matelas et oreillers doivent vous convenir.
- Maintenez dans votre chambre une température de 16 °C ou 18 °C. Une certaine fraîcheur est propice à l'endormissement et à un bon sommeil. Une température élevée favorise l'éveil nocturne. On a constaté que la température corporelle nocturne des insomniaques est plus élevée que celle des bons dormeurs.
- Veillez à créer un environnement calme. Optez pour des doubles vitrages, si cela s'avère nécessaire. Réglez les situations liées au conjoint qui fait du bruit ou qui bouge trop pendant la nuit.

Ce qu'il faut retenir

Maintenant, nous le savons : notre alimentation peut contribuer à préserver notre santé. Les recherches faites à ce sujet démontrent que certains aliments aident à éviter l'apparition de cancers, combattent les effets négatifs des radicaux libres, permettent de garder l'appareil cardiovasculaire en bonne santé et apportent au corps les composants dont il a besoin pour une belle énergie. Sentir son corps en pleine forme et tonique : quelle force, quel plaisir !

Respirer et bouger permet de nettoyer les toxines, les déchets accumulés par le régime alimentaire. Faire du sport dépollue l'organisme, apporte l'oxygène nécessaire à nos cellules et procure une réelle sensation de bien-être. Se livrer régulièrement à une activité sportive est une des meilleures façons de récupérer du stress et participe d'une santé mentale plus solide.

Avoir une bonne qualité de sommeil permet à l'organisme de se régénérer et à l'esprit de réactualiser ses données, de gérer la vie émotionnelle. Quand certaines périodes de notre existence se révèlent plus pénibles, le fait de pouvoir compter sur la qualité de son sommeil est un atout précieux. Cette re-création nocturne permet de passer le cap dans de meilleures conditions, avec beaucoup moins de stress.

Entrer dans le premier cercle de maîtrise

Prendre soin de son corps, se sentir vraiment en pleine forme, disposer d'une belle énergie, tout cela constitue une première étape vers la maîtrise de soi. Nous pourrions dire que cette étape est le préalable nécessaire et même incontournable avant d'envisager de s'approcher des autres cercles.

La physiologie d'une personne pleine d'énergie influence ses pensées, ses émotions et la confiance qu'elle a en elle. Nous savons maintenant que les informations circulent en permanence entre le cerveau, le corps et le gène, que les cellules communiquent entre elles de façon très sophistiquée et qu'elles déclenchent des processus d'actions qui ont des répercussions concrètes et visibles dans notre organisme. Le corps influe sur l'esprit, l'esprit fait de même sur le corps, le gène engrange les expériences et prépare l'avenir, et nous vivons grâce à ce concert d'informations.

L'énergie, c'est le moteur de la vie. Sans énergie, il n'y a plus de vie. Quant à la personne qui est capable de rassembler toute son énergie en une fraction de seconde, elle devient presque surhumaine.

Être en énergie, c'est se sentir fort et optimiste. Cet état se reflète dans notre physiologie et nous donne le sentiment d'avoir du pouvoir sur nous-mêmes et sur notre environnement. Il nous permet d'atténuer considérablement l'effet du stress. Souvenez-vous que le stress est principalement dû à la sensation d'un manque de maîtrise de soi et donc de son environnement. Le fait d'être en bonne forme le plus souvent possible permettra des changements notables dans votre humeur, vos pensées, lesquelles, subtilement, vous orienteront vers des schémas de confiance, d'estime de soi et de meilleure maîtrise.

DEUXIÈME PARTIE

Le deuxième cercle de maîtrise : la connaissance de soi

Il faut se connaître soi-même ; quand cela ne servirait pas à trouver le vrai, cela au moins sert à régler sa vie, et il n'y a rien de plus juste.
Pascal

Pendant que vous lisez ces lignes, vous déchiffrez le sens de ce qui est écrit ; vous accomplissez une tâche cognitive qui accapare les fonctions cérébrales nécessaires et, en même temps, une partie de vous légèrement en retrait est capable d'observer et de prendre acte du fait que vous êtes en train de lire ces lignes.

La conscience, c'est notre cadeau. C'est pouvoir mener l'interaction requise entre soi-même et un objet (dans ce cas-ci, l'interaction est votre action de lire et l'objet, la page écrite) tout en étant en mesure, simultanément, d'observer et de connaître la relation qui existe entre ces éléments (« Tiens, je suis en train de lire une page très intéressante ! »). C'est la conscience de soi, spécifique à l'être humain.

Le fait d'entretenir une relation avec un objet change, à chaque fois, votre état interne ; c'est ce changement qui vous alerte et vous permet de prendre conscience de ce qui est en train de se passer. C'est ainsi, par exemple, que vous pouvez être assis dans un avion, en train de regarder vos pieds après 10 heures de vol, être conscient du fait qu'ils ont gonflé et de la sensation désagréable qui accompagne cet état. Soudain, votre voisin remonte la toile du hublot et vous apercevez le soleil qui se lève sur les Alpes. Subitement, votre état interne change ; vous êtes alors conscient de vivre un moment merveilleux. La conscience est donc indissociable de l'émotion. Antonio Damasio le confirme dans son magnifique livre intitulé *Le sentiment même de soi* : « La conscience et l'émotion ne sont pas séparables [...]. Lorsque la conscience est détériorée, l'émotion l'est aussi. » L'émotion est également indissociable du corps : il est donc important de comprendre qu'il s'agit d'une triade – conscience, émotion, corps.

La conscience n'est que la partie immergée de notre activité cérébrale, dont la majeure partie est inconsciente. La partie inconsciente s'occupe de gérer des centaines de fonctions, des milliards d'ordres ; elle communique avec le corps et, paradoxalement, avec notre conscience sans que nous en soyons conscients. En fait, cette petite partie immergée qui nous permet de réaliser des choses merveilleuses n'est qu'une « petite veilleuse vacillante au-dessus des formidables et multiples activités inconscientes[16] ». Il nous est possible de communiquer avec notre partie inconsciente, grâce à certains canaux : nos rêves, l'hypnose, nos intuitions, l'écoute de notre propre discours, de notre corps, etc. En fait, le but est d'aller chercher le plus de renseignements possibles sur soi et son environnement pour les faire remonter dans notre partie consciente. En effet, être en conscience permet d'agir sur soi et, plus nous sommes en conscience, plus nous comprenons sur quoi nous pouvons agir.

Travailler sur notre niveau de conscience consiste non seulement à identifier de façon plus précise nos émotions, nos comportements et nos interactions, mais aussi à élargir notre champ de perception en ce qui a trait aux informations qui nous arrivent

16. Edgar Morin, *La méthode : L'identité humaine*, Le Seuil, 2001.

tant de l'intérieur de nous-mêmes que de notre environnement. Pour cela, il s'agit d'adopter le plus possible et le plus souvent possible une position d'observateur par rapport à soi-même.

CHAPITRE 3

Développez la conscience de vos émotions

Les émotions, nous connaissons tous ! Joie, tristesse, colère, etc., nous vivons fréquemment des moments d'émotion intense et identifiés comme tels : une violente dispute, un chagrin ou un sentiment d'ivresse amoureuse.

Par contre, il nous est souvent beaucoup plus difficile de faire le lien entre nos comportements quotidiens, nos actions et nos émotions.

Considérons les situations suivantes :

- Ne pas oser dire la phrase qui aurait pu tout changer ;
- Prononcer des mots qui tuent ;
- Ne pas pouvoir décrocher son téléphone pour prendre ce rendez-vous important ;
- Se laisser marcher sur les pieds par son collègue ;
- Demander et obtenir une augmentation ;
- Piquer dans la caisse ou s'approprier des fournitures de bureau ;
- Dénoncer quelqu'un ; répandre des rumeurs ;
- Faire de la résistance passive ;
- En voiture, faire volontairement une queue de poisson à un autre automobiliste ;

- Constater que notre assistant ne nous respecte pas ;
- Lever la main sur quelqu'un ;
- Agresser une personne de quelque manière que ce soit ;
- Ne faire des compliments que très difficilement ;
- Se plaindre du fait que, dans notre service (que l'on dirige soi-même), il y a une atmosphère épouvantable ;
- Faire ou ne pas faire quelque chose par peur de déplaire ;
- Vouloir être aimé de tous, à tout prix.

Longue est la liste de tous les comportements, de tous les actes conditionnés par nos émotions, tout simplement parce que nos émotions sont présentes en permanence.

Jusqu'à ces dernières années, il existait une vision très dichotomique de l'esprit humain : la raison d'un côté et les émotions de l'autre. Nous adhérions à un grand mythe selon lequel nombre de nos activités étaient gouvernées par l'esprit rationnel, la logique, comme si l'être agissant souffrait d'une anesthésie émotionnelle. Les émotions étaient alors réservées à certains moments de la vie privée, aux artistes, aux femmes et aux enfants.

Or, les études scientifiques menées depuis une dizaine d'années ont bouleversé cette vision de l'être raison-émotion en démontrant que derrière toute décision, même la plus rationnelle qui soit, il y a un pic émotionnel qui tranche. Quelle que soit la décision, nous la prenons quand un sentiment intérieur de satisfaction nous indique que nous devons prendre une route plutôt qu'une autre. On a également démontré que l'émotion fait partie intégrante de tout processus de raisonnement.

Enfin, comme nous l'avons dit précédemment, on sait maintenant que le fait d'entrer en relation avec un objet quelconque change l'état interne, et ce, que cet objet soit extérieur et réel (je vois un bouquet de fleurs) ou intérieur, mental, de l'ordre du souvenir remémoré (je revois très nettement ce paysage).

Cette révolution est due à la découverte des émotions dites « d'arrière-plan ». Nous connaissions les émotions facilement repérables que sont les émotions primaires, mais nous voilà maintenant face à un paysage émotionnel multiple. Alors, revenons un peu aux sources pour mieux comprendre.

Vous avez dit *émotions* ?

L'univers des émotions est complexe. Pourtant, au départ, les choses sont assez simples.

Le cerveau a deux fondements émotionnels : la douleur et le plaisir. En fait, il s'agit pour lui d'éviter la douleur et de rechercher le plaisir.

Pour éviter la douleur, il se sert des messagères que sont les émotions négatives, chargées de nous transmettre une information précieuse. Dans quel but ? Nous permettre d'accomplir des actions efficaces ; nous épargner une situation douloureuse, voire mortelle ; nous aider à prendre des décisions justes, adaptées au contexte. Ainsi, la peur nous permet-elle de nous défendre ou de fuir, bref, de prendre des mesures propres à assurer notre sécurité. La colère nous met en position de combat, car elle indique que quelque chose ou quelqu'un a franchi nos limites territoriales ou virtuelles intellectuelles et que nous devons protéger nos frontières.

La douleur est liée à la notion de punition, à des attitudes réactives d'évitement, de retrait, de repli.

Le plaisir est servi par la gamme de toutes les émotions positives ; le but du jeu est de rester le plus longtemps possible dans cette émotion et de la renouveler fréquemment.

Le plaisir est lié à la récompense et il préside à des comportements très proactifs de recherche, d'ouverture d'esprit, d'élan vers les autres.

C'est ainsi que nous balayons en permanence notre environnement en évaluant à chaque instant d'un œil soupçonneux ce qui serait susceptible d'être douloureux tout en recherchant ce qui pourrait nous apporter du plaisir.

Une émotion comme la peur est très utile car, comme nous l'avons dit, elle nous oblige à prendre des mesures de sécurité.

Seulement, puisque la mécanique est complexe, avant la peur il peut y avoir de la méfiance et de la crainte; toutes ces nuances s'expriment dans des situations où il y a une part d'inconnu. Cela veut dire que moins nous avons d'information, plus nous avons peur. L'information et la connaissance sont les premiers pas vers la maîtrise; plus une peur est clairement identifiée et examinée à l'aune de nos ressources, plus elle disparaît facilement.

Nous avons donc notre fondement plaisir-douleur accompagné des cinq grandes émotions primaires que sont la joie, la tristesse, la colère, la peur et le dégoût.

Les émotions primaires universelles

Les cinq émotions primaires sont facilement repérables. Si on pouvait les représenter par une courbe sur un graphique, chacune serait définie par un pic bien visible. Elles répondent à un stimulus externe – je vois, j'entends, je touche, je sens, je goûte – et provoquent une réponse motrice visible – je m'enfuis, je hurle, je pleure, je ris, etc.

Les émotions primaires se déclinent en émotions secondaires: la honte, l'embarras, la culpabilité, la déception, la peine, la jalousie, etc. Toutes ces émotions facilement repérables sont également des messagères; elles sont provoquées par le décalage entre nos représentations internes – notre carte du monde personnelle – et la réalité extérieure. C'est le choc de ces deux univers qui fait surgir l'émotion, messagère et moyen d'expression indiquant bien qu'il y a quelque chose à comprendre ou à faire. Par exemple, si dans un parking vous avez repéré une place et que, juste au moment où vous entamez votre manœuvre, un autre conducteur se faufile rapidement devant vous pour prendre votre place, vous allez être très en colère. Pourquoi? Parce que, dans votre vision du monde, il existe certaines règles liées à des croyances, à des valeurs qui disent que certaines choses ne se font pas, que la société obéit à des règles explicites et implicites permettant de garder une certaine harmonie et que, puisque vous respectez ces règles, tout le monde doit les respecter. Seulement voilà, la réalité vient de vous démontrer le contraire : les règles ne sont pas respectées par certaines personnes. Il en a toujours été ainsi, les petits malins ont toujours existé et ces faits brutaux viennent soudainement mettre à mal votre vision d'un monde idéal où tout le monde serait poli. C'est le choc, la confrontation : c'est l'émotion.

Quand nous éprouvons une émotion, il est important de se mettre à son écoute et de se poser la question suivante : Si cette émotion était ma meilleure amie, quel message souhaiterait-elle me faire passer ? Quelles sont les croyances qui sont en jeu ? Pour trouver les croyances, notez les commentaires que provoque cette émotion. Quelles actions puis-je entreprendre pour favoriser un retour à l'équilibre ?

Il est conseillé de prendre le temps d'écrire le message, d'examiner les croyances et de dresser un plan d'actions en vérifiant bien que les actions envisagées respecteront votre environnement, votre écologie personnelle et vos valeurs. Bien souvent, nous agissons trop vite, sous l'impact d'une émotion, sans laisser le temps au cortex préfrontal – qui agit comme un sas chargé de temporiser la force de l'émotion venant du cerveau limbique – de faire son travail de médiateur. Une action trop rapide, menée sans le recul nécessaire, débouche souvent sur une situation aggravée, prétexte à de nouvelles émotions encore plus importantes.

Les émotions d'arrière-plan

Plus subtiles, plus sournoises et plus indétectables sont les émotions d'arrière-plan.

Ne vous est-il pas déjà arrivé de vous apercevoir en fin de matinée que vous étiez somme toute de mauvaise humeur sans trop savoir pourquoi ? Ou vous est-il déjà arrivé de constater qu'une angoisse, une tension ou un malaise s'était installé de façon persistante ? Telle est la caractéristique de l'émotion d'arrière-plan, souvent appelée *humeur, état* ou *sentiment* et évoquée dans des réflexions comme : « Il est d'une humeur sombre aujourd'hui ! », « Je ne sais pas ce qui se passe, mais je suis dans un état d'anxiété ! », « J'ai un sentiment de malaise ! ».

Ces états internes peuvent durer une heure, une journée, une semaine ou des mois dans la version d'une déprime.

Leur induction est interne. Le stimulus de départ est soit une succession d'images internes, soit une succession de monologues internes ; bien souvent, images et monologues sont concernés.

Notre pensée est faite d'images internes qui défilent constamment et très rapidement sans que nous en soyons toujours bien conscients. Ces images internes ont deux origines : soit le souvenir d'une situation vécue antérieurement, soit une projection créative de soi-même dans l'avenir ou notre réinterprétation personnelle d'un incident passé.

À ce stade, il est important de préciser que notre cerveau ne fait aucune différence entre une situation réelle et une situation virtuelle. Les expériences le prouvent, tous les signes physiologiques (battements du cœur, respiration, changements biologiques internes) fonctionnent de la même manière, que l'on soit en train de vivre notre premier rendez-vous amoureux ou que l'on soit en train de l'imaginer.

Le stimulus peut également être dû à des injonctions internes, ponctuées de commentaires : « Dépêche-toi ! », « Tu dois être fort, ne laisses pas transparaître tes faiblesses ! », « Mon pauvre, décidément, tu es nul ! Tu vois ce petit détail qui reste en plan, il gâche tout le travail que tu as produit ! », etc. En analyse transactionnelle, on attribue ces commentaires au « parent critique ». Ces petites phrases qui ne nous laissent aucun répit sont générées par une partie de nous-mêmes qui a engrangé l'ensemble des messages autoritaires censés nous cadrer, nous donner des points de repère ou nous aider à résoudre des situations extérieures. Il y a bien longtemps que nous ne les avons pas revisitées, ce qui ne nous empêche pas de fonctionner selon elles, de façon automatique et souvent inconsciente. Pourtant, ces injonctions exercent une très forte pression sur nos états internes, car elles s'accompagnent d'exigences élevées et souvent impossibles à satisfaire qui génèrent des états de stress important. Pour les repérer, soyez attentif aux changements dans le ton de votre voix (même dans le ton de votre voix interne) quand vous vous parlez à vous-même. Ces injonctions sont prononcées soit sur un ton autoritaire, comme vous le feriez en vous adressant à votre enfant quand vous êtes légèrement énervé, ou pire, sur un ton sarcastique. Repérez-les, écrivez-les et voyez en quoi elles sont pertinentes. Peut-être serait-il temps de remplacer le « Dépêche-toi ! » par « Organise ton temps en fonction de tes priorités ! ».

Les monologues intérieurs peuvent aussi prendre la forme de commentaires accompagnant les images mentales, ce qui accentue très fortement l'impact de ces images sur la physiologie interne. C'est ainsi que certaines personnes se projettent en permanence des films alimentés par des peurs concernant tout ce qui risque de mal tourner dans un avenir rapproché et par des monologues peuplés de croyances limitatives (« On ne peut pas faire confiance aux gens »). Ces scénarios entretiennent une pression psychologique proche de la torture qui entraîne une fragilité émotionnelle et des comportements erratiques permettant à la personne d'accomplir sa prophétie. Elle va finir par vivre son cauchemar, lequel deviendra une référence pour alimenter d'autres scénarios de ce genre.

La peur

La peur est l'état interne que nous fréquentons le plus souvent. Nous avons peur de nous exprimer, peur de demander, peur de nous lancer, peur d'aborder une personne, peur d'échouer, peur de parler en public, peur de manquer quelque chose, peur de tomber malade, peur de vivre et, surtout, bien souvent, peur de causer des dommages irréparables à l'image que nous avons de nous-mêmes.

Généralement, nous jouons à l'autruche avec nos peurs. Elles nous effraient si fort que nous n'osons pas les regarder en face. Or, c'est exactement le contraire qu'il importe de faire. Identifiez précisément vos peurs et décrivez dans le détail, de long en large, tout ce qui risque de vous arriver jusqu'à l'extrémité la plus catastrophique. Bon, le paysage est brossé?

Maintenant, passez en revue les croyances qui s'attachent à cette peur. Si vous avez peur de vous retrouver au chômage ou si vous avez peur de parler en public, formulez la phrase suivante:

- Être au chômage, c'est comme... (une condamnation sociale?);
- Parler en public, c'est comme... (se jeter dans la fosse aux lions?).

Exprimez-vous sans retenue; c'est ainsi que vous verrez apparaître vos croyances – bien souvent enfantines ou primaires – dont la plupart seront facilement démontables. Pour ce faire, empruntez le regard des autres, imaginez que ce regard est bienveillant à votre égard et posez-vous des questions recadrantes du type suivant: «Que pensent les gens qui voient une personne chercher activement du travail?», «Quelles peuvent être les pensées d'une personne qui me voit prendre la parole devant 400 auditeurs? Serait-elle capable de faire comme moi?», etc.

Enfin, passez en revue toutes les ressources que vous pouvez utiliser afin que cette peur ne vous taraude plus. De quelles compétences, de quels talents disposez-vous? Souvenez-vous de situations bien précises où vous avez pu mettre ces talents en action; sur une feuille de papier, décrivez en détail l'expérience que vous avez alors vécue; revivez cette expérience en ressentant bien chaque instant avec tous vos sens.

De quelles autres ressources disposez-vous? D'amis, d'une famille, d'expériences similaires sur lesquelles vous appuyer, d'argent, de connaissances, de temps, etc.?

Si l'une des ressources nécessaire est manquante, quelle action immédiate devez-vous envisager? Suivre une formation quelconque, faire un emprunt, trouver une caution?

La démarche est identique pour toute peur liée à un stimulus interne: il faut aller visiter votre peur, l'examiner en détail et trouver les mesures de sécurité qui vous libéreront de ce sentiment sournois, prêt à bondir à chaque instant, qui vous stresse et vous empêche de vivre pleinement.

Le contrôle des états internes

Un état intérieur fait appel à des représentations internes spécifiques ; il génère un comportement et influence des décisions, des actions.

Si, actuellement, vous êtes dans un état d'irritation permanent – état alimenté par le ressassement d'une succession de mécontentements – votre perception passe par des filtres mentaux et émotionnels qui sont exclusivement en correspondance avec votre état intérieur. Cela veut dire que votre perception devient sélective. C'est en fonction de ces filtres que vous allez interpréter les situations, les propos, les attitudes, bref, toutes les informations que vous recevrez de votre environnement et qui accentueront encore plus cet état d'irritation. Par conséquent, vous ruminerez encore plus en vous rappelant, en prime, des souvenirs du même ordre.

En effet, notre cerveau fonctionne de la manière suivante : sous l'impact d'une émotion, la mémoire devient sélective. Si cette émotion avait une couleur – le rouge, par exemple – elle déclencherait des schémas de pensées et de souvenirs exclusivement rouges. À cet instant précis, elle occulterait complètement tous les souvenirs bleus, verts ou roses pour ne rappeler que les rouges. C'est le cercle infernal qui peut déboucher sur une crise, un état émotionnel qui vous submergera, exerçant sur vous une emprise insurmontable.

Les décisions et les actes issus de cet état émotionnel peuvent être lourds de conséquences. Si vous envoyez promener votre patron ou un client important, le prix à payer pour cette minute d'égarement risque d'être élevé et douloureux.

Pour maîtriser vos états internes, il est d'abord nécessaire de vous observer et de vous poser les questions suivantes : « Tiens, comment est-ce que je me sens ? » Écoutez votre corps ; comment respirez-vous ? Y a-t-il des tensions particulières ? Comment vous tenez-vous ? Imaginez que chaque signe est un message ; que vous raconte-t-il ? (Soyez créatif et un peu farfelu – l'inconscient aime le farfelu.)

Guettez vos pensées, vos images internes ; soyez attentif à ce que vous êtes en train de vous raconter tout bas. Comment vous parlez-vous ? Sur un ton autoritaire, cynique ou triste ? Tous ces indicateurs vous renseignent sur votre humeur. Maintenant, examinons cette humeur, quelle en est la cause ? Creusez ! Écoutez tous les messages qu'elle vous délivre ! Creusez encore, car il est vraisemblable que les premiers messages seront des faux-fuyants ; le vrai message est enfoui sous un joli fatras de raisons liées aux autres, au contexte, à la vie, bref, à tout ce qui se ligue contre vous ! Bien souvent, c'est quand vous vous rapprocherez de vous, là où ça fait un peu mal, que vous trouverez le véritable message. Une fois le message délivré, compris et accepté, voyez ce que vous pouvez mettre en place pour vous délivrer de cet état qui vous mine depuis un certain temps.

La physiologie, la maîtrise de vos images et de vos monologues internes ainsi que la connaissance de vos croyances sont également des moyens efficaces qui permettent le rétablissement d'un état interne serein. Ces outils, je les ai déjà largement traités[17], aussi n'y reviendrai-je pas dans le présent ouvrage.

Quand des états internes se prolongent, il peut être intéressant de noter les 10 pensées qui reviennent chaque jour invariablement pendant une semaine. Notez-les, examinez-les et voyez en quoi elles peuvent être responsables de vos humeurs, de votre état. Quelle est l'origine de ces pensées ? Quelles croyances y sont rattachées ? Faites des commentaires autour de ces pensées récurrentes, développez-les et vous trouverez la cause et les croyances. Là aussi, vous aurez des pistes pour mettre fin à certains états internes négatifs.

Les émotions positives

Les émotions sont contagieuses. Daniel Goleman nous le confirme dans son dernier ouvrage intitulé *L'intelligence émotionnelle au travail*. Les scientifiques ont démontré que

17. Voir *Le bonheur si je veux*, Éditions de l'Homme, 2001.

nous avons le pouvoir d'envoyer des signaux qui modifient les niveaux d'hormones, les fonctions immunitaires et la fonction cardiovasculaire chez une autre personne. Il s'avérerait que l'émotion la plus contagieuse est la joie. Personne ne peut résister plus de 30 secondes à un rire franc sans que sa physiologie change et qu'un flot d'hormones bienfaisantes l'envahisse, augmentant ainsi la réponse immunitaire de l'organisme.

La bonne humeur augmente considérablement les facultés de réflexion, la créativité, la prise de décision, la productivité, la réussite. À l'inverse, un climat négatif absorbe les énergies, affecte la santé des personnes, particulièrement au niveau du système digestif, du système immunitaire et du système cardiovasculaire – sans parler du moral. C'est la porte ouverte aux maladies et aux virus.

Tout ce qui peut générer des émotions positives nous est particulièrement favorable ; par exemple, on sait maintenant que la thérapie par le rire fait reculer des maladies en augmentant la résistance de nos cellules.

Apprivoisez le plus souvent possible les émotions positives, faites-vous plaisir souvent, chouchoutez-vous, soyez un peu plus égoïste ; évitez les climats toxiques, prenez de la hauteur et ne vous fourvoyez pas dans des échanges relevant de jeux psychologiques[18] ; repensez souvent à des moments de joie, souriez plusieurs fois par jour : telles pourraient être les prescriptions pour une meilleure santé mentale. Cela aura également l'avantage de vous donner les meilleurs atouts pour amortir le choc des situations stressantes ou vous en remettre rapidement.

De même, nous le savons tous, une situation comporte ses aspects positifs et ses aspects négatifs. Certaines personnes ont la fâcheuse tendance de n'en voir que les éléments négatifs. Si un apprentissage peut être utile, c'est bien celui de s'éduquer à percevoir également les éléments positifs de toute situation. Pour ce faire, il s'agit d'effectuer une petite gymnastique cérébrale, un peu comme si vous passiez du négatif d'une

18. Nous verrons plus loin la notion de jeux psychologiques.

photo au tirage papier. Il faut recalibrer certains paramètres cérébraux qui vous permettront de voir ce que vous ne voyez pas pour l'instant. Nous pouvons l'illustrer par la petite histoire suivante[19].

Deux représentants sont envoyés dans une région reculée d'Afrique pour y prospecter le marché de la chaussure. Une fois sur place, l'un envoie le télégramme suivant à son entreprise : « Marché inexistant. Ici, personne ne porte de chaussures. » L'autre fait parvenir le message que voici : « Fantastique marché potentiel, envoyer stocks de toute urgence. »

La conscience émotionnelle de soi, c'est être conscient à la fois de notre humeur et des pensées relatives à cette humeur. C'est être capable de reconnaître nos émotions, leur intensité et leurs effets sur nos décisions et comportements. C'est être conscient des réactions physiologiques qu'entraîne cette émotion, par exemple, l'augmentation des battements de notre cœur.

C'est trouver les mots pour parler de cette émotion : *quand tu...* (action), *j'ai ressenti...* (émotion). Cette déclaration est valable pour les plus petits événements, par exemple : « Quand tu es arrivé en retard, j'ai ressenti de la colère puis de la tristesse. » La déclaration doit rester descriptive et objective, ne comporter ni jugement ni interprétation.

Avoir conscience de nos émotions nous aide à être vigilants. Avoir conscience de l'impact de nos émotions nous permet de prendre du recul quant à nos comportements et nos décisions. Il a été démontré que l'intelligence émotionnelle – un concept récent – conditionne les deux tiers de notre réussite personnelle. Maîtriser ses émotions, c'est pouvoir prendre un message en compte et agir de façon constructive pour soi.

C'est grâce à cette maîtrise que nous nous retrouvons en position d'influer sur notre quotidien.

19. Exemple tiré du livre de Alain Cyrol et Josiane de Saint-Paul, *Derrière la magie*, InterÉditions, 1984.

CHAPITRE 4

Maintenez le contact avec vos besoins

Un être humain a besoin de manger, de boire et de dormir. Une force irrésistible le pousse à accomplir diverses actions pour satisfaire ces besoins propres à la survie.

Il doit également se sentir à l'abri, sécurisé, avoir la certitude qu'il peut, grâce à une activité quelconque, payer son toit, sa nourriture et même plus. Pour ce faire, il déploie une grande énergie et accomplit des actions concrètes.

De plus, il a besoin de nourriture affective : avoir le sentiment qu'il compte pour certaines personnes ; appartenir à un groupe, échanger, participer ; être reconnu et aimé. L'homme isolé, sans contact avec les siens, s'étiole, devient fou ou meurt.

L'être humain redoute généralement l'ennui et la routine, c'est pourquoi il recherche la variété, la nouveauté. Enfin, il a besoin de comprendre, d'évoluer et de donner un sens à sa vie.

Les besoins humains sont vitaux. Ils alimentent nos motivations, nos émotions, nos comportements et nos actes ; ils gouvernent bien avant nos valeurs ; ils constituent une nourriture physique, psychologique, mentale et spirituelle indispensable.

Ils peuvent déchaîner nos passions, nos frustrations et notre haine et même nous pousser à la tuerie.

En fonction du contexte dans lequel nous sommes, certains besoins sont satisfaits, d'autres pas. Mais, dans un contexte idéal, toute la chaîne de nos besoins est susceptible d'être satisfaite.

Quand un besoin est négligé, il crée en nous comme une sensation de faim, de frustration, de privation ou de déstabilisation qui se manifeste par des émotions négatives comme la colère, la tristesse ou la peur. Comme un trou noir, le manque – même si nous n'en sommes pas conscients – s'infiltre dans notre lecture du monde, dans nos comportements, et nous empêche d'accéder à des interactions épanouies, à un projet porteur de sens. En effet, c'est la satisfaction du besoin par tous les moyens qui va devenir notre quête prioritaire, accaparant nos pensées et nos émotions.

Bien souvent, nous ne sommes pas conscients de nos besoins, nous ne sommes pas à l'écoute de nous-mêmes. Notre culture nous a d'abord appris à satisfaire les besoins des autres et, tout au long de notre enfance, des phrases comme « Ne sois pas égoïste ! », « Fais plaisir ! », « Sois gentil, sinon tu vas faire de la peine à maman ou à papa », « Ne te fais pas remarquer ! », « Pour qui tu te prends ? » ont constitué des injonctions si fortes qu'elles nous ont empêchés d'écouter nos propres demandes.

Quand nous sommes conscients de certains besoins, très souvent nous attendons des autres qu'ils les satisfassent. Celui qui réclame le respect des autres à cor et à cris et, bien souvent, justement, par des éclats de colère, ne trouvera la paix que le jour où il décidera de se respecter lui-même.

Nous pouvons classer nos besoins en trois grandes catégories :

- Les besoins matériels ;
- Les besoins relationnels ;
- Les besoins personnels.

Selon le tempérament inscrit dans nos gènes, certains de nos besoins seront plus impérieux que d'autres. Cependant, l'éducation, l'environnement et la culture joueront un rôle décisif quant à leur expression, leur nécessité et leur réalisation.

Les besoins matériels

Les besoins matériels concernent la survie, la sécurité et le confort.

La survie

Les besoins de survie sont régis par les fonctions primitives du cerveau, logées dans le tronc cérébral. À ce niveau, il s'agit pour l'être humain de se nourrir, de boire, de se reproduire et d'échapper à toute menace susceptible d'attenter à sa vie. Une personne qui pense à survivre met 99 % de ses pensées et de ses émotions au service de cet unique objectif. L'instinct de survie sommeille en chacun de nous et, à la moindre menace du contexte, les forces qui lui sont propres se déchaînent en de puissantes motivations qui nous poussent à mettre en œuvre les moyens de satisfaire nos besoins primaires : trouver de la nourriture ou de l'eau, de quoi se protéger du froid ou se défendre des prédateurs. Les besoins de survie mobilisent nos forces les plus puissantes puisqu'il s'agit de protéger notre vie.

La sécurité

Pouvoir circuler dans sa ville sans peur, se sentir protégé et pouvoir protéger sa famille, savoir qu'il n'y a rien à craindre ; se dire que l'on va pouvoir payer son loyer tous les mois, avoir une sécurité d'emploi ; pouvoir assurer sa santé, ses vieux jours ; avoir la capacité de prévoir et de contrôler certains domaines de sa vie : tels sont, entre autres choses, les façons de répondre à ce besoin de sécurité matérielle. Quand nous avons la sensation d'une instabilité ou d'un manque de sécurité, le stress, l'anxiété, les craintes et les peurs s'installent.

Cependant, nous ne sommes pas tous égaux face au besoin de sécurité.

Les études effectuées par le professeur Robert Cloninger[20] sur la carte génétique des éléments constitutifs du tempérament montrent que certaines personnes sont particulièrement sensibles à toute menace, même lointaine, susceptible de les mettre dans une situation de souffrance, tandis que d'autres, au contraire, semblent plus optimistes et même insouciantes. Cela est lié au fonctionnement d'une hormone, la sérotonine, dans notre organisme. On aurait constaté une certaine altération du gène transporteur de la sérotonine chez les personnes particulièrement sensibles à tout évitement de la souffrance[21].

C'est pour cette raison qu'il existe des personnes très anxieuses, très prudentes et très calculatrices qui souhaitent tout contrôler, qui aiment tout ce qui concourt à une régularité et se sentent paralysées dès lors qu'elles doivent prendre le moindre risque, alors que d'autres, à l'opposé, ne verront pas le danger et prendront des risques inconsidérés. Nous sommes donc tous dépendants de ce processus lié à la sérotonine qui, d'une part, fait de nous des êtres très inquiets et très précautionneux ou insouciants et irresponsables et, d'autre part, fait varier notre comportement d'évitement de la souffrance de presque nul à très élevé, selon l'individu.

La peur est l'émotion signalant que le besoin de sécurité n'est pas entendu ou respecté. Si la peur est présente, il convient d'aller l'explorer dans le moindre détail, de prévoir la situation la plus pessimiste et de prendre les mesures de sécurité qui s'imposent.

Le besoin de sécurité est légitime et salutaire. Pour le satisfaire, nous utilisons certains moyens, dont quelques-uns sont positifs : installer des murs autour de notre propriété, des portes blindées, un système de sécurité ; mettre de l'argent de

20. Professeur C. Robert Cloninger, neurobiologiste et psychiatre à l'Université de Saint-Louis à Washington, aux États-Unis. Il est à l'origine du modèle d'évaluation de la personnalité le plus utilisé au monde.

21. *Sciences et Avenir*, « Les trois révolutions du cerveau », juin 2001.

côté, cotiser à diverses assurances ; faire des budgets prévisionnels, anticiper, planifier des périodes de transition. D'autres moyens sont négatifs, comme se dévaloriser, minimiser ses désirs, décourager les gens qui veulent nous aider, se poser en victime pour la simple raison que l'on a peur d'aborder une période de changement qui pourrait mettre en péril une sécurité matérielle acquise. Pour certaines personnes, ce besoin est si fort qu'elles préfèrent renoncer à de nouveaux projets.

Une période de changement professionnel se prépare, se planifie, s'accompagne de stratégies, de la mise en place de ressources qui permettent, au fur et à mesure, le passage en douceur vers un nouveau projet. Il est juste de vouloir se sentir en sécurité, et la peur existe parce qu'elle nous adresse un message fort nous intimant de prendre des mesures de sécurité. C'est donc tranquillement et lucidement qu'il est possible de mettre en place une stratégie efficace, laquelle nous permettra d'avancer sereinement, en évitant le stress et l'anxiété.

Le confort

Certes, après des besoins aussi vitaux que ceux que nous venons de passer en revue, le confort peut paraître superficiel. Pourtant, il participe en bonne place aux plaisirs de la vie, à la joie, au plaisir, à la satisfaction, au sourire et au bien-être, autant de sentiments positifs susceptibles de nous mettre en haute énergie ou de faire contrepoids aux émotions ou aux états internes moins réjouissants. Le plaisir de prendre un bain chaud avec des huiles parfumées, le plaisir de partir en vacances, le bonheur de se prélasser chez soi le dimanche avec un bon bouquin, quand il fait un temps détestable ; la joie d'aller au concert, au cinéma, au théâtre, au restaurant. Le confort est le plus gros marché de la planète, c'est dire la place qu'il occupe et le succès qu'il connaît. Impossible de passer en revue tout ce qui, dans cette société du XXe siècle, se vend uniquement pour notre confort.

Le confort participe avant tout du bien-être du corps, de nos sens. Il adoucit les humeurs, il diffuse un parfum de bonheur, il se distille par tous les pores de notre peau, il nous devient souvent indispensable. Nombre de personnes qui connaissent ou ont connu des périodes de vaches maigres savent que le fait de compter au centime près, de ne plus pouvoir s'offrir quoi que ce soit, de devoir rogner sur les dépenses de chauffage, d'électricité, de nourriture, etc., porte un sérieux coup au moral.

Respecter son besoin de confort, c'est prendre soin de soi de toutes les manières possibles, prendre soin de son corps, se faire plaisir même avec peu de choses. Cela peut parfois signifier qu'il est bon d'être un peu plus égoïste pour profiter de moments bien à soi, de prendre son temps, de se soustraire à la tourmente d'une journée sans rien dire à personne, de s'arrêter 10 minutes dans un parc pour prendre le soleil en se prélassant dans l'herbe. Bref, soyons imaginatifs, écoutons-nous, écoutons notre corps et profitons de notre confort sans culpabilité ni complexe.

Les besoins relationnels

Complexes, plus difficiles à détecter, les besoins relationnels concernent les enjeux d'ordre émotionnel, affectif et identitaire liés à nos relations tant personnelles que professionnelles. Il s'agit ici d'être accepté, reconnu, aimé ; de se sentir important, de partager et de communiquer. Ces besoins sont au cœur de notre vie relationnelle et affective ; leurs conséquences sont déterminantes pour chacun d'entre nous. Tendez l'oreille et vous constaterez que les gens parlent de ces sujets à longueur de journée. Observez les comportements et les émotions, vous verrez les attentes et les suppliques. Ces besoins, nous tentons de les satisfaire tous, même par des moyens détournés qui, en apparence, peuvent n'avoir aucun lien avec notre but. Les personnes qui ont un besoin d'amour jamais satisfait sont capables de déployer un éventail de comportements d'une inventivité parfois redoutable.

Être accepté

Qu'il s'agisse de jouer dans la cour de récréation à l'école, d'occuper son premier emploi, de déménager dans une nouvelle ville, de faire ses débuts dans une profession qui a ses rites et sa déontologie ou de prendre la direction d'une grande entreprise, la première phase des rapports humains consiste à se faire accepter par les autres. Cet examen d'entrée, parfois cruel, permettra d'accéder aux autres besoins relationnels. Se faire accepter d'un groupe est indispensable et la majorité des individus finissent par trouver leur groupe d'appartenance.

Quel que soit le groupe, il obéit à des rites, à des règles implicites ; il fonctionne sur une certaine résonance émotionnelle ; il partage des valeurs ; il peut se réunir autour d'une passion ou d'un intérêt. Tous ces éléments vont constituer un cadre de référence, le cadre de référence du groupe.

Il existe deux moyens infaillibles de se faire rejeter par un groupe :

- Montrer que l'on n'est pas en accord avec le cadre de référence, c'est-à-dire ne pas respecter les rites et les règles tacites, ne pas partager les valeurs ni la passion du groupe.
- Vouloir prendre la direction des opérations brutalement et imposer ses opinions, ses règles.

Les personnes douées pour se faire accepter possèdent généralement une qualité qui s'appelle l'empathie. Elles approchent le groupe, l'observent, le ressentent ; elles décryptent le langage non verbal, les rites et les règles implicites ; puis elles adoptent des comportements, des gestes et des paroles qui montrent qu'elles ont compris et accepté les règles. Ce n'est que bien plus tard qu'elles se risqueront à prendre des initiatives ou à prétendre au leadership du groupe. C'est un processus naturel, non calculé, qui nécessite certaines compétences émotionnelles dont certains d'entre nous sont plus pourvus que d'autres.

Les êtres humains sont prêts à tout pour se faire accepter. Cela peut déboucher sur des drames, des tentatives de suicide pour appeler la pitié, la compassion ; on peut se droguer, voler ou tuer pour être enfin accepté quelque part ; on peut aussi joindre une secte ou une communauté marginale.

Un groupe est un système. Tout système a pour objectif de préserver son équilibre et de se perpétuer tel qu'il est ; toute tentative de prendre un groupe de front, sans s'être donné la peine de l'étudier et de le comprendre, à défaut de le sentir, se soldera par un rejet.

Être reconnu

La reconnaissance par les siens est un moteur puissant qui peut prendre la forme d'une quête jamais atteinte.

Nous ne sommes pas tous égaux devant ce besoin, car il est étroitement lié à un besoin de récompense. Il s'inscrit dans la carte génétique des tempéraments liés à une activité plus ou moins forte du système neuronal utilisant une hormone : la noradrénaline.

La personne ayant un besoin de récompense élevé adopte un comportement susceptible de lui attirer l'approbation sociale en toutes circonstances. Elle est très sensible aux indices qui lui permettent de valider ou non cette approbation. Souvent, elle est narcissique, manipulatrice et joue au caméléon, n'hésitant pas à se donner les moyens de satisfaire son besoin de reconnaissance. Elle choisit de monter sur scène, d'être artiste, chef d'entreprise ; elle aime les récompenses, les promotions, la réussite sociale, les titres, les prix et les applaudissements.

Elle a tendance à se voir dans les yeux des autres ; c'est l'approbation et la récompense venant de l'autre qui lui permettent de savoir qu'elle existe. L'enjeu est donc fort et l'énergie déployée est considérable. Si la récompense n'arrive pas, si le signe de reconnaissance n'est pas donné, c'est la panique, la noyade, le trou noir.

Même si ce besoin varie en importance selon le tempérament de la personne, l'enfance qu'elle a vécue et les signes de reconnaissance qu'elle a reçus ou non de son entourage s'ajoutent ou se retranchent selon son profil. Des hommes et des femmes passent directement ou indirectement leur vie à guetter un signe de reconnaissance de leurs parents ; c'est une soif inextinguible, un besoin sur lequel il sera déterminant, un jour, de lâcher prise. La solution passera par la capacité de s'accorder cette reconnaissance à soi-même, de se dire que l'on n'a plus rien à prouver aux autres, qu'il est peut-être temps d'envisager de faire les choses pour soi, pour donner un autre sens à sa vie.

Être aimé

L'amour est une nourriture ; telle la sève, il irrigue puissamment chacune de nos cellules. C'est grâce à l'amour de nos parents que nous nous construisons, c'est grâce à l'amour de notre famille et de nos proches que nous pouvons traverser tous les déserts. Si l'amour vient à manquer trop longtemps, ou trop souvent, un vide se crée. Ce vide obligera la personne à utiliser des stratagèmes pour recevoir de l'amour, sous différentes formes. La personne qui a manqué ou qui manque d'amour en concevra des problèmes d'estime de soi, de manque de confiance, de culpabilité et recherchera par des moyens excessifs à être aimée à tout prix, coûte que coûte. La demande sera telle qu'elle sera difficile à satisfaire. Cette personne vivra son obsession : rechercher l'affection, l'amour des autres, et ce, même dans un contexte inapproprié. Ce besoin arrive bien souvent en tête de tous les palmarès : on recherche l'amour, on veut donner de l'amour.

Pour satisfaire ce besoin, on a recours à différents moyens :

- former un couple ;
- avoir des amis ;
- s'engager dans une cause humanitaire ;
- exercer un métier basé sur la relation d'aide ;
- fonder une famille ;
- explorer la spiritualité ;
- adopter un animal ;

- pratiquer le don de soi ;
- créer ;
- explorer la sexualité ;
- tomber malade souvent ;
- provoquer ;
- se comporter comme un tyran ;
- être sans cesse en demande ;
- faire des bêtises ;
- se mettre en difficulté ;
- se plaindre ;
- faire plaisir ;
- ne pas savoir dire non ;
- faire une tentative de suicide ;
- se droguer, boire ;
- harceler, violer ;
- tuer.

La liste est si longue ! On déploie souvent des trésors de stratégies pour faire des demandes directes ou indirectes, pour avoir accès à l'amour de notre prochain. Cette quête nous fait passer par toute une gamme d'émotions allant du plaisir au bonheur, de la haine à la colère, du masque de l'indifférence à la peine, à la tristesse et à l'apathie.

Communiquer, partager

Le 31 décembre 1999 à minuit et l'après-midi du 11 septembre 2001, les réseaux téléphoniques ont été saturés ; nous avons communiqué, nous voulions partager. Deux moments diamétralement opposés : un moment de bonheur, un moment d'horreur.

Nous partageons nos émotions ; notre joie, pour la diffuser, l'amplifier et la prolonger ; nos peines et nos douleurs, pour les supporter et les exorciser ; notre colère, pour qu'elle résonne et pour passer à l'action ; nos peurs, pour nous rassurer et pour être moins seuls. Le partage des émotions est salutaire. Pouvoir parler de nos émotions nous soulage d'une certaine pression, désamorce nos bombes émotionnelles à retardement, nous aide à nous comprendre et à réfléchir. Bref, une fois l'orage passé, le ciel émotionnel devient plus calme.

Nous partageons aussi nos connaissances, notre savoir, notre culture, nos découvertes, et c'est ainsi que l'humanité progresse. Pour cela, nous créons des écoles, des bibliothèques, des universités ; nous donnons des conférences, nous animons des séminaires et des colloques ; nous exposons, nous diffusons ; nous tournons des documentaires ; nous créons des sites Internet ; nous instaurons des structures touristiques ; nous montons des spectacles de chant, de danse, de musique. Nous créons des associations, des clubs dans lesquels nous partageons nos passions et nos valeurs.

Nous communiquons par tous les moyens possibles : la conversation, les discussions entre amis, le téléphone, le télécopieur, le courrier électronique, la radio, le journal télévisé, la presse, la publicité, le système GPS (Global Positioning System), le satellite. Nous tentons même de communiquer avec les étoiles, avec d'autres hypothétiques civilisations ; c'est un déploiement d'outils de communication sans précédent que ce XXe siècle a mis en place.

Il existe des médias, des directeurs de la communication, des agences de communication, des conseils en communication, des écoles de communication, des facilitateurs de communication, des écoutants, des porte-parole, etc.

À une échelle plus personnelle, ce besoin de partager et de communiquer nous installe au cœur d'un réseau de personnes, au cœur d'une pulsation qui nous permet de nous sentir bien vivants, de sentir que nous participons à ce grand mouvement qu'est le processus de la vie ; il nous permet de nous donner des objectifs que nous partageons avec d'autres, de nous raccrocher de façon bien concrète au court moment que nous passons sur cette petite planète bleue perdue dans un vaste univers. Nous sommes bien présents, bien vivants, tous ensemble, et cette confirmation se fait à chaque instant dans le partage et la communication.

Être important

Chaque être humain est unique, chaque être humain est important. Cette unicité, c'est le résultat d'une combinaison incroyable qui fait qu'une personne a son identité génétique, qu'elle est une création, un original, une œuvre si précieuse que, si elle disparaît, rien ni personne ne vient la remplacer. Il y a un vide, un manque à jamais perdu pour les hommes. Dans *La liste de Schindler*, un film de Steven Spielberg, un des protagonistes dit ceci : « Celui qui sauve une vie sauve l'humanité. » Des hommes seuls ont changé le monde, ils ont accompli des choses importantes, mais ils ne sont pas plus importants que celui qui est bousculé dans le métro à 6 h 00 le soir. Certains hommes occupent des fonctions importantes, mais ils ne sont pas plus importants que l'enfant abandonné en Afrique ou au Brésil.

Nous sommes tous importants et nous le savons, puisque nous partageons tous le désir d'être importants aux yeux des autres. Savoir que nous comptons, que nous faisons la différence, que nous ne sommes pas un numéro, un clone ; nous savons bien que nous sommes uniques et nous voulons que cela soit reconnu dans les faits.

Notre société laisse passer des messages contradictoires. À certains moments, elle est capable de se mobiliser pour une personne tout à fait inconnue, démontrant bien par cet acte à quel point l'existence d'un être est précieuse, tandis qu'à certains moments, elle laisse penser qu'il y a des personnes plus importantes que d'autres. Les vagues de médiatisation qui auréolent certaines vedettes, les décrivant comme des demi-dieux ou des demi-déesses inaccessibles, le culte de la personnalité qui se développe autour de certains individus, alors qu'ils occupent tout simplement des fonctions reconnues comme importantes, tout cela fait que même les principaux intéressés finissent par se croire vraiment différents du commun des mortels, vraiment importants. N'entend-on pas souvent dire : « C'est une personne importante ! »

Nous revendiquons tous notre importance, mais elle ne nous est pas toujours accordée. Nombre d'adultes de par le monde ont eu, enfants, le sentiment qu'ils n'étaient pas vraiment précieux, uniques et respectés ; par conséquent, ils risquent de ressentir le besoin de se rattraper tout au long de leur vie. Ils courent après la notoriété, les biens matériels, les œuvres d'art très chères qu'ils n'aiment pas. Ils écrasent peut-être les autres au moyen du mépris ou de la violence, deviennent des caïds ou des chefs de bande respectés ; ils adoptent un style vestimentaire marginal, ne fréquentent que des élites, prennent position contre tout et contre tous. Ils cultivent souvent la rareté, aiment se faire désirer, garder le contrôle. Ou encore, ils bâtissent un empire, conduisent des grosses voitures rouges et s'exhibent en compagnie des *top models* les plus recherchées.

Certains individus sont également capables de détruire le sentiment d'importance chez quelqu'un. Ce sont ceux qui se livrent au harcèlement, à la manipulation ou à la violence physique. Le contact avec ce type de personnages nous amène à cesser de nous percevoir comme un être unique, précieux et respecté. La seule façon de retrouver notre sentiment d'importance est de couper le contact.

Enfin, il y a ceux qui se respectent eux-mêmes : ils savent qui ils sont ; ils aiment découvrir l'autre, voient la spécificité dans chaque être humain ; ils savent que chaque vie est précieuse et que chaque être humain est une œuvre d'art.

Soyez-en persuadé : au regard de la création, vous êtes une œuvre d'art, vous êtes inimitable, irremplaçable, c'est un fait. Si vous en doutez, interrogez les ouvrages scientifiques et les dernières études : ils vous le confirmeront.

Les besoins personnels

Les besoins personnels nous concernent directement, dans la perspective d'une évolution personnelle. Tout commence par un besoin de certitude, par l'organisation de points de repère dans notre carte du monde personnelle ; cependant, paradoxalement, notre besoin de variété et de nouveauté doit trouver satisfaction au cœur de cette représentation structurée qu'est notre carte du monde. Nous avons également besoin d'accéder à l'autonomie, besoin de produire, de créer, de contribuer et, enfin, de nous réaliser, de nous engager en nous appuyant sur notre excellence.

Le besoin de certitude

Placés entre l'infiniment petit et l'infiniment grand, nous sommes bien conscients des limites de notre perception. Notre lecture de l'univers s'exerce sur un petit segment, une petite séquence dont nous tentons chaque jour de repousser les limites afin d'en savoir un peu plus, d'être moins ignorants. L'homme, propulsé nu sur le pré carré ridiculement petit d'un univers tombant dans le vide à une vitesse frénétique, est angoissé, pour ne pas dire terrifié. Sa perception limitée est finalement son meilleur atout pour supporter de vivre ce qu'il a à vivre. Mais il sait et il a toujours su qu'il ne contrôlait rien et que le sens du « Grand Tout » lui échappait. Pour vivre, pour évoluer, pour avancer à son échelle, il s'est reconstruit un univers à sa mesure et, au fil du temps qui passe, il l'explique, l'organise, le structure ; il expérimente, vérifie, répète les expériences ; il apprend, analyse, interprète, attribue un sens ; bref, il peuple son univers de points de repère sûrs et, pour répondre à son angoisse, il se bâtit une sécurité d'ordre psychologique qui va lui permettre de se laisser aller, de s'ouvrir et de se réaliser.

Nous avons évoqué la sécurité dans les besoins matériels. C'est une première étape. Se sentir en sécurité dans son univers mental interne est tout aussi important. Pour ressentir cette sécurité, nous avons besoin d'accumuler des certitudes : être certains, enfants, que nos parents nous aiment et sont à nos côtés ; être sûrs que nous sommes quelqu'un de bien ; avoir confiance en nous et en nos capacités ; savoir que nous sommes capables de contrôler un certain nombre de choses ;

comprendre ce qu'on nous explique, que les choses soient claires dans notre esprit ; comprendre le comportement des gens de notre entourage ; pouvoir nous baser sur la cohérence d'une communication ; comprendre notre environnement et son fonctionnement ; comprendre la raison de certaines choses, de certains événements ; savoir que nous pouvons compter sur notre conjoint, sur des amis, sur des associés, sur des collègues de travail parce qu'ils sont fiables. Nous sommes rassurés par la simplicité, par la précision et par la concision.

Et puis nous inventons également des explications susceptibles de soulager notre angoisse originelle. C'est le monde des croyances, où il est difficile de faire la part entre une anticipation intuitive de ce qui deviendra vrai et une créativité débordante, une capacité de reconstruction et d'invention propre au cerveau humain. Le but est de donner des réponses qui, telles les pièces d'un puzzle, nous permettront de reconstruire peu à peu un univers à notre mesure et porteur de sens. L'objectif est de soulager cette angoisse existentielle conscientisée ou non, tapie au fond de nos gênes.

L'accumulation de certitudes nous permet d'évoluer avec sérénité au milieu d'un paysage familier où chaque élément est identifié, à sa place. Cet état interne de sécurité, telles les racines profondes d'un arbre, procure l'assurance nécessaire à l'ouverture sur le monde, la générosité, le don, la découverte, l'initiative.

Quand les besoins de sécurité interne psychologiques ne sont pas comblés, le repli, le retrait, l'immobilisme, la paranoïa, la méfiance, la critique, la psychorigidité, le sarcasme, la dérision, le cynisme, la déprime, l'attaque, la séduction, l'hypercontrôle, la soumission, etc., apparaissent, permettant ainsi à la personne de récupérer des instants de tranquillité, bien souvent au détriment de sa qualité de vie.

Le besoin de variété, de nouveauté

Nous sommes des êtres complexes : nous avons besoin d'une chose et de son contraire, ce qui n'est pas forcément incompatible. Comme nous le savons déjà, certains ont besoin de plus de sécurité que d'autres, cela dépend de notre tempérament, c'est une question d'hormones et de gènes. Il en est de même pour le besoin de nouveauté.

Les sujets qui auraient une production de dopamine insuffisante exigeraient, par compensation, des stimulations émotionnelles importantes, afin de générer cette hormone liée au plaisir. Ces êtres ont un fréquent besoin de sensations nouvelles et peuvent aller jusqu'à mettre leur santé ou leur vie en péril. Ils aiment les frissons, les expériences, la variété et peuvent être impulsifs. Quand ce besoin est très marqué chez eux, ils ont des comportements compulsifs ou souffrent de boulimie, d'hyperactivité ou encore d'une dépendance à la drogue ou à l'alcool.

En général, ces gens ont un comportement exploratoire qui les conduit à multiplier les expériences pour obtenir cette sensation émotionnelle dont ils ressentent fortement le manque.

Nous ne sommes donc pas égaux devant ce besoin de nouveauté. Cela dit, il est rare de rencontrer une personne qui aime la répétition au point de manger tous les jours la même chose et, chez la plupart d'entre nous, une trop grande routine engendre l'ennui.

Ceux qui aiment la nouveauté et la variété apprécieront tout ce qui est inusité : nouvel endroit, nouvelle relation, nouvel emploi, nouveau défi, nouvelles connaissances, conversations stimulantes, bref, ce besoin se manifeste sous différentes formes selon l'individu.

Le besoin d'autonomie

L'autonomie est l'aboutissement d'un cycle en quatre temps. Qu'il s'agisse de la tendre enfance, de l'entrée en sixième (à l'école secondaire), de l'adolescence, d'un premier emploi, d'une reconversion professionnelle, tout au long de notre vie, nous serons amenés à fréquenter ce cycle en fonction du contexte dans lequel nous serons.

La *première phase* de ce cycle en quatre temps est l'état de dépendance. À ce stade, nous sommes encadrés, nous nous identifions à la relation qui nous prend en charge, nous sommes dans l'obéissance, l'acceptation, l'apprentissage et le confort.

La *deuxième phase* est la contredépendance. Durant cette période, nous vivons dans la souffrance. En effet, nous souhaitons échapper à la relation, notre personnalité s'affirme par le « non » ; nous avons des désirs propres, mais nous ne nous sentons pas assez mûrs pour affronter seuls le monde extérieur. Nous nous rebellons, nous acceptons difficilement l'autorité, mais nous avons encore besoin de protection. C'est une période où nous en voulons à l'autre, nous l'accusons, car il semble être un obstacle à notre besoin de développement.

Enfin, arrive la période bénie de *l'indépendance.* Nous croyons savoir qui nous sommes, nous savons ce que nous voulons et ce dont nous sommes capables. Il s'agit d'une indépendance matérielle, de pensées et de projets. Après toute cette période où il a fallu tenir compte de l'autorité, supporter la tutelle de nos parents, on se défoule et on ne pense qu'à soi : les autres suivront. On découvre la notion de responsabilité.

La dernière étape est celle de *l'interdépendance.* Nous savons alors qui nous sommes et nous voulons nous réaliser. Nous avons cependant compris que nous vivons en interaction avec d'autres personnes et que notre rythme doit s'accorder à celui des autres. Nous nous sentons capables de mener ces échanges, de passer des accords et des contrats. Nous découvrons l'équipe, la complémentarité des compétences et la force de la synergie.

Plus les cycles se renouvelleront dans le temps, plus nous serons sensibles à ce qui donne du sens à notre vie. Nous nous rapprocherons alors de notre mission, de notre transcendance, de nos motivations intrinsèques.

L'expression de soi

À cette étape, nous ressentons un désir irrésistible d'exprimer notre personnalité, nos talents et nos compétences à travers une activité, afin de les mettre au service des autres, du plus grand nombre. Qu'est-ce que je peux apporter aux autres en tant que personne ? Un artisan est dans l'expression de soi, tout comme la personne qui écrit un livre, les artistes en général, le brancardier qui sait trouver les mots pour réconforter le patient qui monte au bloc opératoire ou l'institutrice qui enseigne aux tout-petits de la maternelle. En fait, ce sont toutes les personnes qui exercent leur métier avec passion, en fonction de qui ils sont. S'exprimer à travers des actes, être cohérent avec soi-même, c'est le plus beau cadeau qu'un être puisse se faire.

La réalisation de soi

À ce stade, on accomplit son œuvre, son engagement, sa mission. On fonctionne à un haut niveau d'excellence et de talent. C'est un espace de fluidité où l'être a pu faire le lien entre son histoire, quelle qu'elle soit, sa personnalité, la recherche de sens et ses activités. Il est dans la réalisation, dans l'accomplissement, dans sa vibration. C'est l'équipe de France qui gagne la Coupe du monde, c'est le champion qui remporte sa médaille d'or, c'est le chef d'une importante entreprise qui sait déléguer brillamment, ce sont tous les employés anonymes qui réalisent avec brio ce pour quoi ils sont faits dans leurs activités quotidiennes.

La transcendance de soi

La transcendance de soi, c'est être en connexion avec quelque chose qui nous dépasse, qui est au-dessus de nous ; c'est permettre à une partie de soi de s'épanouir et de se réaliser à travers ce niveau supérieur. Il peut s'agir d'un canal spirituel, d'une connexion avec l'art, la beauté, certaines sciences, la paix dans le monde, l'harmonie, l'espoir, l'humanité ou l'univers.

C'est le dernier niveau, celui de l'inspiration insufflée par quelque chose qui nous dépasse et qui nous est en même temps étrangement familier. C'est aussi le niveau des grandes découvertes, des aventures mystérieuses qui n'ont pas forcément d'explications dans l'instant présent.

Nous avons tous les mêmes besoins, ils sont universels. Nombreuses sont les personnes qui ne sont pas conscientes de leurs besoins et qui ne font pas le lien entre les émotions, les frustrations ou la sensation de vide qu'elles ressentent et un besoin qui n'est ni pleinement ni durablement satisfait.

Le petit exercice qui suit[22] vous permettra de faire le point sur vos besoins.

Parmi les besoins que nous venons d'évoquer, prenez le temps d'identifier ceux qui ne sont pas satisfaits chez vous ou ceux que vous tentez de satisfaire par des moyens non écologiques pour vous ou votre environnement.

Choisissez-en deux, puis répondez aux questions suivantes :

- En quoi ce besoin est-il important pour moi (donnez trois raisons) ?
- Qui vais-je être quand ce besoin sera satisfait ? Quelle attitude vais-je avoir face à moi-même, face aux autres ?
- Quelle est ma stratégie pour satisfaire ce besoin, actuellement ? Qu'est-ce que je peux mettre en œuvre dans ma vie quotidienne pour satisfaire ce besoin complètement et durablement ? Donnez cinq réponses.
- Y a-t-il quelque chose que je fais actuellement qui va à l'encontre de la satisfaction de ce besoin ? Donnez trois exemples.
- Écrivez trois choses que vous pourriez changer pour vous aider à mieux combler votre besoin.
- Quelle protection puis-je mettre en place pour me laisser une chance de satisfaire ce besoin ?

22. Exercice sur les besoins inspiré du *coach* américain Thomas Léonard.

• Qu'est-ce que je ne tolérerai plus à partir d'aujourd'hui ? (Se protéger des autres ou de certaines situations. Par exemple : à partir d'aujourd'hui, je n'accepterai plus que ma mère me dise…). Énoncez trois exemples.
• Trouvez trois comportements que votre entourage pourrait changer vis-à-vis de vous pour satisfaire votre besoin.
• Comment pourriez-vous augmenter vos critères d'exigence pour satisfaire définitivement ce besoin ? Trouvez trois critères.
• Annoncez vos décisions à une personne que vous respectez.

Être connecté à nos besoins nous permet d'accéder à nos valeurs, à nos vrais projets. La personne qui court après la reconnaissance ressent toujours un sentiment de vide quand son objectif est atteint. Si elle comprend ce qui la motive, elle peut avoir un plus grand pouvoir d'action sur les objectifs qu'elle veut atteindre puis, peu à peu, elle se met au clair avec ce besoin et trouve différents moyens de le satisfaire. Cela lui permet d'avoir un horizon dégagé pour définir des valeurs et des objectifs qui seront davantage en accord avec elle-même.

CHAPITRE 5

Découvrez vos points forts

Le petit Thomas, six ans, n'arrive pas à dormir. Il sait que ses parents sont en train de bavarder dans la cuisine et il a envie d'être avec eux. Il se relève pour la énième fois en craignant leur réaction, plus particulièrement celle de sa mère, qui l'a déjà recouché trois fois. Il arrive dans la cuisine à pas feutrés et se plante devant ses parents avec son sourire le plus charmeur. Son père et sa mère lui demandent pourquoi il n'est pas encore endormi et Thomas commence à parler. Il raconte sa journée, parle de ses copains, pose habilement des questions ; ses parents, heureux de l'écouter et de partager, le laissent cheminer, de fil en aiguille, d'un sujet à l'autre. À un moment donné, Thomas marque une pause et sa mère en profite pour lui dire qu'il est temps d'aller se coucher. Alors, Thomas reprend la parole en interpellant directement son père sur un sujet qui le passionne : le mystère des étoiles et de l'univers. Papa aime parler des étoiles et répond volontiers à son petit garçon, qui en profite pour relancer une conversation à bâtons rompus. En fait, Thomas vient de faire une découverte capitale ; plus il parle, plus il discute et argumente, plus ses parents sourient, semblent fiers de lui et, surtout, moins ils pensent à l'envoyer se coucher. Par la suite, cette habileté naturelle à parler et à communiquer a été renforcée avec le temps par un système de récompense astucieusement mis en place par l'intéressé. En effet, Thomas a compris en grandissant que sa facilité à s'exprimer sur n'importe quel sujet avec les adultes se révélait hautement gratifiante et que, par ce moyen, il obtenait nombre de grâces. C'est ainsi qu'il a exploité un vrai talent et qu'il en a fait un point fort.

Développer un point fort

Si on demande à une personne quels sont ses points forts, elle nous regardera généralement avec des yeux ronds en se grattant la tête. Si on enchaîne en demandant quels sont ses talents, la perplexité redouble. Ces notions sont finalement assez floues : qualités, compétences ? Bon, nous voyons à peu près ! Talents ? En fait, cette attitude est assez normale, puisque le propre d'un talent est d'être tellement naturel qu'on ne le voit pas et que l'on pense même que tout le monde fait la même chose que soi tout aussi naturellement.

Par exemple, Camille noue facilement d'excellentes relations avec les personnes qu'elle rencontre. Quand on lui fait remarquer cette facilité, elle est très étonnée : elle n'avait pas remarqué qu'elle faisait quelque chose de spécial, elle croyait que c'était tout à fait normal, que tout le monde faisait la même chose.

Quand une personne vous dit : « Ah ! Ça, c'est un point fort chez moi ! », elle veut vous signifier qu'elle est capable de faire quelque chose de façon presque parfaite, et ce, de façon constante. Alors, qu'est-ce qu'un point fort exactement ? Trois ingrédients doivent être réunis pour obtenir un point fort : le talent, le savoir et le savoir-faire.

À l'origine d'un point fort, il y a toujours un talent. C'est assez naturellement, pour la plupart d'entre nous, que nous enrichissons ce talent par des apprentissages et des expériences qui en permettent le développement.

La personne qui a un talent pour le dessin souhaitera très certainement suivre des cours ; ensuite, elle appliquera les procédés et les techniques qui lui permettront de structurer sa connaissance.

C'est peut-être chez les artistes que l'on observe le plus facilement la présence du talent qui fait la différence. Certains artistes ont un goût pour ce qu'ils font, ils ont la connaissance et la technique, mais, même si le travail est impeccable, il manque quelque chose ; c'est justement ce quelque chose, le talent, qui change tout.

Il existe des chanteuses, des danseuses, des peintres qui ont une technique parfaite ; mais qu'apparaisse un artiste qui a le talent en plus et chacun est éclipsé.

Cependant, le talent ne suffit pas ; certains ne l'exploitent pas, ne le nourrissent pas ou, tout en reconnaissant que ce talent est un cadeau, certes, pensent qu'il suffit à leurs besoins tel qu'il est.

Pour transformer un talent en point fort, il faut savoir le reconnaître, l'enrichir et le faire évoluer vers une pratique constante et presque parfaite. Mais qu'est-ce qu'un talent exactement ?

Lorsque le talent paraît

Pour bien comprendre ce qu'est un talent, il est nécessaire d'appréhender un aspect de notre fonctionnement cérébral. Comment se fabrique le talent et pourquoi est-il si naturel, si puissant ? Notre cerveau représente un univers de 100 milliards de neurones. Le neurone est une cellule nerveuse spécialisée dans cinq fonctions :

- Recevoir et intégrer des signaux en provenance des neurones voisins ;
- Évaluer l'importance de ces signaux ;
- Engendrer un influx nerveux ;
- Conduire l'influx nerveux ;
- Transmettre l'influx nerveux à un autre neurone capable de le recevoir.

Un neurone peut prendre contact avec 10 000 neurones et recevoir des informations de 1 000 neurones simultanément ; ce système de communication est hautement sophistiqué, comme nous allons le voir.

Les neurones sont truffés de récepteurs et d'émetteurs appelés « synapses » qui transmettent les informations au moyen d'un influx électrique et d'un processus chimique. Il s'agit d'un mécanisme clé-serrure appelé « connexion » et permettant aux différentes aires du cerveau d'entrer en contact les unes avec les autres et de mettre en action, par d'autres connexions, des pensées, des comportements, des décisions, des actions, etc. La plus simple opération motrice requiert la mobilisation de vastes ensembles de neurones simultanément et à plusieurs niveaux. Il en est de même pour tout mode de pensée.

Tout ce que nous pensons et faisons utilise ce matériel neuronal, moyen de communication aux possibilités infinies. Imaginez, si sur nos 100 milliards de neurones nous décidons d'en considérer seulement un minuscule échantillon de 70 millions, ils auront un potentiel de connexions possibles de 572 millions chez un enfant de 8 mois. La densité de ces connexions atteint son maximum à l'âge de deux ans et elle dépasse alors largement les besoins du cerveau. C'est à partir de cet instant qu'une organisation et une stabilisation des connexions va s'opérer. Cela veut dire que nous allons décider de privilégier certains parcours de connexions et d'en laisser tomber d'autres. Celles que nous n'utiliserons pas seront peu à peu éliminées ; celles que nous utiliserons fréquemment se renforceront jusqu'à former des autoroutes neuronales très performantes.

Deux expériences connues à ce jour nous ont permis de constater cette élimination réelle des connexions synaptiques.

Une expérience effectuée en laboratoire a pu mettre en évidence que le fait de maintenir dans le noir l'un des yeux d'un chaton pendant la période d'évolution synaptique altérait de façon irréversible la connexion régissant le développement de cet œil. Le petit chat ne verra jamais de cet œil, les connexions propices à cette fonction ayant été éliminées.

De même, des expériences menées sur le babillage des enfants ont permis de constater que durant les six premiers mois, le bébé est sensible à toutes les langues et aux différentes façons de prononcer les voyelles ou les consonnes. Par exemple, nous, les francophones, prononçons les «i» d'une façon bien différente de celle des anglophones, qui disent «âille». Après l'âge de six mois, l'enfant n'est plus capable de reconnaître le son «i» s'il ne l'a jamais entendu. On a constaté que l'espace cérébral s'organise et se simplifie pour s'accommoder à la langue particulière à laquelle le bébé est exposé.

Ce processus s'amplifie jusqu'à l'âge de 10 ans. Ainsi, on a pu constater qu'apprendre une deuxième langue après l'âge de sept ans devient une tâche beaucoup plus compliquée ou, à tout le moins, plus difficile que l'apprentissage de la langue maternelle[23].

La puberté marque la phase de plateau des connexions synaptiques. Les choix sont faits, les autoroutes sont tracées, les connexions inutiles sont supprimées, ce qui n'empêche ni le fonctionnement des connexions faibles ou moyennes, ni la formation de nouvelles connexions. Ce qu'il est important de comprendre ici, c'est que les «autoroutes» se créent avec une aisance et une fluidité qui ne nous prend pratiquement pas d'énergie et qu'elles nous restent accessibles presque automatiquement. Par contre, si les connexions sont fragiles ou inexistantes, on dépensera une plus grande quantité d'énergie pour arriver à un résultat plus ou moins satisfaisant.

Et cela nous ramène aux talents. Voici la définition qu'en donnent Marcus Buckingham et Donald Clifton, deux auteurs qui ont beaucoup étudié cette notion[24]: «Le talent est un mode stable de pensée, de sentiments ou de comportements qui engendre des résultats positifs.»

---

23. Ces deux expériences sont extraites du livre de Jean-Pierre Changeux, *L'homme de vérité*, éditions Odile Jacob, 2002.

24. Marcus Buckingham, Donald Clifton, *Découvrez vos points forts dans la vie et au travail*, Éditions Village Mondial.

C'est ainsi que, grâce à une étude portant sur des millions de personnes, ils ont mis en évidence une trentaine de talents récurrents allant de la pensée stratégique à l'empathie en passant par l'art de collecter les informations, de jongler avec les idées, de créer des concepts, de pressentir l'avenir, etc.

Ce qui est important dans cette idée même du talent, c'est qu'à partir du moment où une personne a identifié ses talents, elle peut les transformer en points forts. Ensuite, elle peut se demander ce qu'elle va en faire. Dans quel domaine va-t-elle les exercer ? Au service de quoi et en tenant quel rôle ? Cependant, une chose est sûre, c'est qu'en utilisant ses talents dans la vie de tous les jours, elle accomplira avec plaisir ce qu'elle sait faire de mieux. Elle sera dans l'excellence d'elle-même et pourra fonctionner de façon fluide, à son meilleur niveau.

Alors, comment repère-t-on ses talents ? D'abord, vous pouvez vous poser les questions suivantes :

- Quand j'étais enfant, pour quoi étais-je reconnu ? Étais-je toujours entouré d'une bande de petits copains que je menais par le bout du nez ? Étais-je seul, à m'angoisser en pensant à toutes les catastrophes qui pouvaient arriver, ou bien étais-je plongé dans des bouquins de science-fiction ? Nous avons ici trois talents différents : celui du chef qui sait commander ; celui de l'anxieux capable de toujours imaginer ce qui pourrait arriver, qui passe en revue tous les scénarios et en décèle les failles ; et celui du futuriste qui apprécie les projections dans l'avenir, qui voit et aime le futur.
- Quand vous étiez seul, livré à vous-même, sans contrainte, qu'est-ce que vous aimiez faire ?
- Quand une situation se présente, quelles sont vos réactions spontanées ? Vous observez ? Vous prenez les choses en main ? Vous allez consoler les autres ? Observez-vous dans différentes circonstances et voyez quels sont les comportements ou les modes de pensées que vous adoptez spontanément. Ne portez pas de jugement pour l'instant. Par exemple, le fait de savoir mentir peut être un grand talent. Cela veut dire que l'on a un meilleur contrôle de son langage non verbal, une grande créativité, la faculté de

comprendre ce que l'autre veut entendre. C'est un talent qui peut être mis au service de meilleures valeurs que celles du mensonge tel qu'on le pratique. On peut alors tout à fait tenir des rôles qui nécessitent de la diplomatie ou faire partie d'un service d'espionnage... Pourquoi pas !

Reprenez toutes vos expériences professionnelles et trouvez les tâches que vous aimiez vraiment bien faire, celles qui étaient sources de satisfactions. Était-ce le moment où vous faisiez une synthèse d'informations, de la recherche ou bien quand vous étiez sur le terrain, au contact des autres, en train d'organiser des actions ? Était-ce quand vos collègues faisaient appel à vous pour trouver des solutions, pour avoir des conseils ? Quand vous deviez convaincre ? Quand il s'agissait d'être premier sur la ligne d'arrivée ?

Quelles sont les activités, les occupations qui vous donnent une énergie débordante ? Cherchez le talent qui est derrière.

En fait, vous devriez trouver cinq grands talents ; ce sont les plus importants, ceux autour desquels vous pouvez organiser votre vie de façon sûre et durable. Une fois vos talents mis en évidence, vous pouvez suivre le cheminement qui suit.

Tout d'abord, comment utilisez-vous ces talents aujourd'hui ? Le rôle et le domaine dans lesquels vous les utilisez sont-ils satisfaisants pour vous ? Que pourriez-vous mettre en place pour organiser votre vie autour de ces talents, pour qu'ils puissent s'exprimer chaque jour ? Sachez que c'est là que vous excellerez.

Que pourriez-vous mettre en place pour développer ce talent ? De quelles connaissances avez-vous besoin pour le renforcer ? L'utilisez-vous au mieux ? Que pourriez-vous expérimenter qui vous permettrait de l'enrichir, d'en faire un vrai point fort ? Connaissez-vous d'autres personnes qui ont ce talent et qui l'utilisent mieux que vous ? Comment s'y prennent-elles ? Interrogez-les, demandez-leur ce qu'elles ont fait.

Arrêtez de vous concentrer sur vos points faibles : ils ne deviendront pas des points d'excellence et vous perdrez beaucoup d'énergie à poursuivre cette chimère.

Que faire de ses points faibles

La plupart d'entre nous passons notre temps et dépensons notre énergie à nous préoccuper de nos points faibles. Peut-on être à la fois une personne douée pour aider son prochain et douée pour le diriger ? Comment être à la fois un homme de communication, un leader, avoir une pensée stratégique, analytique, synthétique, créative, visionnaire ou critique ? Comment être un bon organisateur, un décideur, un bon conseiller, un être de charisme lors d'une prise de parole en public ? Notre société, dans sa recherche du normatif et de la standardisation, a tendance à nous faire croire que nous devrions être tout cela en même temps. Cette exigence se manifeste très tôt, à l'école, où il serait bien évidemment de bon ton d'avoir des bonnes notes dans toutes les matières, des mathématiques au français en passant par la musique, le sport et le dessin. Plus tard, les entreprises nous encouragent à posséder le plus de points forts possibles, dans une espèce de vision idéale de l'entreprise ou chaque cadre aurait le profil d'un homme possédant toutes les qualités nécessaires. Si les qualités viennent à manquer, on n'hésite pas à lui faire suivre cours de formation sur séminaires pour qu'il approfondisse ses talents de manager, de communicateur, de leader, d'animateur, bref, qu'il fasse preuve d'excellence dans des domaines divers et variés. Or, même s'il est toujours possible et toujours bon de s'améliorer, une personne peut être très douée pour certaines choses, mais elle l'est moins ou pas du tout pour d'autres et ses faiblesses ne deviendront jamais des points d'excellence.

Nous sommes obsédés par nos points faibles, nous culpabilisons, et tout cela va à l'encontre de notre biologie et du bon sens. Nous l'avons vu précédemment, les autoroutes neuronales ne se créent plus aussi facilement, et il faut peut-être des circonstances exceptionnelles pour les construire en partant de presque rien. De plus, l'énergie que nous gaspillons pour améliorer ces faiblesses n'est plus disponible pour mettre en action nos points forts en diverses circonstances. Nous sommes donc perdants sur les deux tableaux.

Dans un même ordre d'idées, veillez à ce que vos points faibles ne viennent pas saboter vos talents. Si vous êtes créatif, futuriste, vous n'êtes peut-être pas gestionnaire, et gérer consomme votre temps et votre énergie au détriment de vos points forts. Dans ce cas, cherchez plutôt la complémentarité.

Pour neutraliser vos points faibles, vous pouvez mettre en œuvre les moyens suivants :

- Acceptez de vous améliorer un peu. Rien ne vous empêche de suivre des cours ou des séances de formation pour faire mieux, mais abandonnez l'idée que vous serez un champion. Sur une échelle de 1 à 10, donnez-vous comme objectif de passer de 2 à 3, puis de 3 à 4.
- Mettez en place un système de soutien : constituez-vous une bonne documentation, fiable et à jour ; renseignez-vous sur les logiciels susceptibles de vous aider ; demandez à votre conjoint de vous rappeler les anniversaires importants ; obligez-vous à marquer un temps de pause de 20 secondes avant de parler, etc. Il s'agit en fait d'organiser un environnement qui vous permette d'amoindrir ou d'annihiler votre point faible afin d'éviter qu'il vous perturbe.
- Trouvez un partenaire complémentaire. C'est une excellente solution. Partout, autour de vous, il existe des personnes qui savent faire parfaitement ce que vous, vous ne savez pas faire. À chacun son domaine ; c'est ainsi que se forment les meilleures équipes, celles qui gagnent.
- Admettez vos points faibles. Se battre perpétuellement contre une faiblesse est extraordinairement coûteux : gaspillage d'énergie et de temps, baisse d'estime de soi, diminution de la confiance en soi, stress, mauvais résultats globaux.

Alors, quels sont vos points faibles ? Quels sont les modes de pensée, de comportement qui mettent votre cerveau en surchauffe ? Quelles sont les tâches, les méthodes, les apprentissages qui se font difficilement, qui vous prennent beaucoup d'énergie ? Quelles sont les activités à faible rendement ou celles qui sont carrément toxiques pour vous ? Recensez-les et prenez des décisions. Que pouvez-vous mettre en place pour vous soulager ? Quelles sont les tâches que vous pouvez confier à une personne qui excellera dans ce domaine ? Quelles structures de soutien pouvez-vous mettre en place ? S'il s'agit d'un comportement qu'il est nécessaire d'améliorer parce qu'il vous fait du tort, vous pouvez faire deux choses : d'abord prévenir ceux qui vous entourent du fait que cela constitue un point faible chez vous, de façon à ce qu'ils ne soient pas surpris et qu'ils puissent en tenir compte. Par exemple, monsieur X, dirigeant d'une entreprise, a la fâcheuse tendance à ne pas regarder ses interlocuteurs quand ils lui font un rapport. Cela peut être interprété comme un manque d'intérêt ou une attitude franchement grossière. En fait, ni l'une ni l'autre de ces explications n'est la bonne. Quand son interlocuteur parle, monsieur X est extrêmement concentré sur les propos qu'il entend, mais il a besoin de suivre le film intérieur déclenché par les paroles de son interlocuteur et, en même temps, son esprit balaie toutes les options et les scénarios possibles. À partir du moment où ses collaborateurs seront prévenus, ce comportement ne lui posera pas de problèmes.

Par contre, si vous parlez trop vite ou que votre élocution ne permet pas à vos interlocuteurs de vous comprendre correctement, vous pouvez suivre des cours d'élocution afin que ce point faible n'invalide pas le contenu des messages que vous souhaitez faire passer.

Optimisez vos talents, mettez toute votre énergie à les transformer en points d'excellence et gérez vos points faibles afin qu'ils ne viennent pas saboter vos points forts : tel est le message important qui ressort de ces lignes.

Marcus Buckingham et Donald Clifton ont découvert cette notion de talent grâce à une étude pharaonique qu'ils avaient entreprise pour déterminer les secrets des grands managers de la planète. Dès qu'ils entendaient parler d'un patron de grand talent – PDG de multinationale ou patron de café –, ils le soumettaient à un questionnaire pointu en espérant recouper ainsi les qualités spécifiques d'un grand manager. À leur grande surprise, aucune qualité spécifique au management n'est ressortie de cette étude. Par contre, les chercheurs ont découvert une chose étonnante : systématiquement, tous ces patrons, quels qu'ils soient, avaient tous une chose en commun : ils ne fonctionnaient que sur leurs talents, ils ne s'occupaient pas de leurs points faibles et, par un instinct lié à ce fonctionnement naturel, ils savaient reconnaître chez les gens les talents qui étaient nécessaires à leur entreprise et savaient s'entourer de ceux qui les possédaient. Ils misaient sur les talents.

Se connaître, un deuxième pas de géant vers la maîtrise

Comprendre ses émotions, ses états internes et les pensées, les comportements ainsi que les actes qui en découlent ; être en état de connaître et de maîtriser ses peurs ; identifier ses besoins pour savoir comment les satisfaire adéquatement ; repérer ses talents et les mettre en action, tels ont été les sujets de cette deuxième partie. C'est une étape importante, pour ne pas dire déterminante, dans le processus de reprise en main de notre propre vie.

À chaque instant, nos émotions sont à l'œuvre, elles ont le pouvoir de nous plonger au cœur de l'instabilité et du stress ou, au contraire, celui de nous conduire à l'harmonie, au calme et à la stabilité. Comme vous avez pu le constater, subir ses émotions sans les accueillir, sans essayer de comprendre leur signification ni leur message, laisse la porte ouverte à des comportements incontrôlés, impulsifs et parfois dangereux. Agir dans ce sens, c'est se placer dans le cercle de la réactivité, de l'anxiété et de la prise de décision pouvant déboucher sur des actions qui, tel un boomerang, nous reviennent sous la forme de problèmes plus complexes à résoudre.

Être en conscience de nos émotions, reconnaître leurs messages, les pensées qui les accompagnent ; faire le point, comprendre, s'éclaircir les idées et prendre les décisions qui s'imposent en conscience, tout cela nous place dans le cercle d'une zone d'influence positive sur nous et sur notre environnement. De plus, cela nous permet de développer cette intelligence émotionnelle dont on sait, aujourd'hui, qu'elle conditionne les deux tiers de notre réussite personnelle.

Tous les jours, nos besoins nous mènent par le bout du nez. Ils induisent des comportements, ils conditionnent des objectifs et ils sont le ressort de nos motivations, même lorsque celles-ci semblent destructrices.

Réfléchissez à vos comportements, à vos actes, à vos blessures et à vos frustrations. Quels sont les besoins qui se cachent derrière ? Retrouvez-vous, refaites connaissance avec vous-même. Nous sommes au cœur de notre intimité, de notre personne, de ce qui est important pour nous, de ce qui compte le plus, de ce qui est fondamental. En faisant l'exercice proposé dans ce chapitre, vous vous rendrez peut-être un des plus grands services qui soient. Nombre de personnes ne sont plus connectées à elles-mêmes, elles sont dans le besoin des autres, ne sachant même plus ce que veut dire «penser d'abord à soi». Soyez égoïste, incroyablement égoïste pour plus de bonheur, ce qui permet, d'ailleurs, de donner du bonheur aux autres. Observez, derrière les comportements qui vous nuisent, quels besoins sont en train de crier et mettez en place de nouveaux moyens de les satisfaire. C'est important, c'est capital.

Quant à vos talents, découvrez-les et sautez à pieds joints dans la proactivité la plus pure. Faire ce que l'on aime faire et ce que l'on fait de mieux : là est le véritable choix ! Cela revient à choisir sa vie, ses objectifs, cela veut dire que nous renversons une certaine proposition : je ne m'adapte plus à ce qui est demandé ; au contraire, je choisis mon domaine, mon rôle et j'apporte des talents, des points forts exceptionnels. Défendez vos talents, développez-les, vendez-les, car il existe, c'est sûr, quelqu'un, quelque part, qui a besoin de vos compétences[25].

25. Slogan de Profile Company.

TROISIÈME PARTIE

Le troisième cercle de maîtrise : l'action

Ceux qui n'ont pas compris le passé sont condamnés à le revivre.

Goethe

Dans le film intitulé *Le jour de la marmotte*[26] (The Groundhog Day), Bill Murray joue le rôle de Phil, un reporter arrogant et cynique parti pour une journée de reportage sur la fête du printemps, en Pennsylvanie. La journée finie, coincé sur place par une tempête de neige, il s'endort dans un hôtel. À son réveil, le lendemain matin, puis progressivement, à mesure que la journée avance, il s'aperçoit qu'elle ressemble étrangement à celle de la veille. Il comprend alors que c'est la même journée qui recommence. Pris dans une boucle, il se retrouve prisonnier du temps, condamné à vivre la même journée, et ce, plusieurs jours de suite. Il est, bien sûr, le seul personnage à garder en mémoire les faits de la journée précédente.

Dans un premier temps de l'histoire, notre héros est d'abord confus et désespéré. Puis, il se rebelle, tente certaines expériences, allant même jusqu'à jouer avec sa vie. Son côté

26. Fête de la marmotte, le deuxième jour de février, aux États-Unis.

cynique et désabusé s'exprime ; c'est un personnage qui pense que rien ni personne ne peut améliorer sa vie.

À la mi-temps du film, Phil est dans un bar. Il entame une conversation avec un homme auquel il n'avait pas prêté attention jusque-là. L'homme lui montre son verre et lui explique qu'il existe deux catégories de personnes : celles qui voient ce verre à moitié vide et celles qui le voient à moitié plein ; deux perceptions du monde qui conditionnent des philosophies différentes. Phil décide alors de devenir – pourquoi pas ? – un homme plus constructif. Il va renverser le cours des choses. Au lieu de se laisser imposer les circonstances, il décide d'en prendre le contrôle. Il estime alors qu'il n'a rien à perdre, il a tout le temps devant lui, cette éternelle journée ne semblant jamais vouloir finir, et il sait exactement ce que ce quotidien lui réserve.

Peu à peu, il se transforme, il écoute vraiment les gens, il profite de sa connaissance du jour suivant pour aider les personnes, il s'ouvre au monde, il adopte toute une gamme de comportements nouveaux.

Notre héros a pris conscience que s'il ne fait rien de différent, les mêmes événements se répètent comme au jour originel. Mais s'il change ses comportements, les personnes répondent avec de nouvelles actions, chaque journée devenant alors différente.

Après avoir été un homme cynique et solitaire, il devient l'être le plus populaire du village.

Il voit ce même jour qui arrive comme un espace de liberté, de créativité, un espace où tout peut être inventé au sein d'une communauté qu'il connaît vraiment. Il se sent en sécurité, il n'est plus comme toutes ces personnes qui ont peur de la vie, il a accepté son humaine condition. En prime, il trouve l'amour et, finalement, un vrai nouveau jour arrive.

Aurions-nous tous besoin d'un tel *break* dans notre vie ? Une éternelle journée qui nous sommerait de tenter d'agir autrement, de changer notre façon de faire ; une journée qui nous enjoindrait d'apprendre à nous connaître, à dépasser nos peurs, notre part d'ombre ? Une journée dont le contexte nous serait si connu qu'il ne serait plus un sujet de distraction, de réaction, d'appréhension ou de perturbation mais qui, au contraire, par son côté familier, serait un champ d'initiatives sur le thème de «qui je suis», un terrain d'expérimentation, un laboratoire de nouvelles façons de faire. Dans *Le jour de la marmotte,* le contexte n'apporte plus de surprise; notre héros le connaît par cœur. Une sensation de sécurité interne se met en place puis, peu à peu, il explore les meilleures parties de lui-même et chasse les vieux démons ; il peut exprimer ce qu'il est. Il devient le maître de sa vie et, en conscience, il décide de ce qu'il va faire de ce nouveau jour ; il le façonne, il lui donne sa propre signification. Il s'échappe de son exil intérieur ; alors même qu'il semble prisonnier d'un contexte, en fait, il n'a jamais été aussi libre.

Finalement, nos journées sont-elles si différentes ? Vivons-nous dans un chaos tel que chaque jour est imprévisible ? La réponse est « Non », pour la plupart d'entre nous. Nous connaissons bien notre environnement, nous connaissons les protagonistes. Chaque jour à 9 h 00, nous arrivons au bureau après avoir déposé les enfants à l'école. Nous accomplissons les mêmes rituels soigneusement organisés dans une journée où nous nous mettons bien souvent en pilotage automatique : toujours les mêmes comportements et les mêmes réactions avec les mêmes personnes. Et si nous essayions de faire autrement ?

Et si nous nous souhaitions des journées que nous façonnerions nous-mêmes, des journées différentes, des journées qui nous ressembleraient, des journées qui seraient l'expression d'un désir, des journées où nous serions vivants ?

Ne pas laisser le contexte ni les habitudes décider à notre place, ne plus être victimes des événements qui « arrivent », contrôler les sollicitations quotidiennes, influencer sa vie positivement, donner corps à ses projets, accomplir des actions efficaces, tels vont être les sujets de ce troisième cycle, la maîtrise de l'action.

Avant d'aborder ces sujets, nous allons, en premier lieu, remettre les choses en ordre, poser les problèmes « à plat », les résoudre et dégager les sources de pollution de notre vie quotidienne.

CHAPITRE 6

Organisez-vous une vie sans problèmes

Aimeriez-vous avoir une vie sans problèmes ? Bonne nouvelle : c'est presque possible puisque 90 % de nos soucis quotidiens sont générés par nous-mêmes.

Votre ordinateur tombe en panne, vous avez perdu toutes vos données et, bien sûr, vous n'aviez pas fait de copies de sauvegarde ; votre collègue vous empoisonne l'existence et vous la laissez faire ; vos amis monopolisent le téléphone pour déverser tous leurs soucis sur vous et, du coup, votre moral et votre organisation personnelle en sont affectés ; ce mois-ci, vous avez si bien collectionné les contraventions que, pour les payer, vous devrez y mettre 10 % de votre revenu mensuel, plus l'amende de retard ; votre patron vous fait la tête, pourtant vous n'avez qu'une demi-heure de retard tous les matins ; vous avez raté un rendez-vous important parce que vous aviez fait la fête, la veille, jusqu'à 3 h 00 du matin ; tous les mois vous jouez au chat et à la souris avec votre banquier ; vous êtes toujours aussi hautain avec ceux qui travaillent pour vous et vous croyez dur comme fer qu'ils vous soutiendront, le jour où vous aurez un pépin ; vous détestez votre image dans la glace, vous

vous laissez aller ; votre vie sentimentale est un désert, mais vous persistez à penser que l'on doit vous aimer tel que vous êtes ; vous ne trouvez pas de travail, mais vous vous entêtez à envoyer au compte-gouttes des C.V. médiocres, et ce, sans faire le moindre suivi ; une défaillance de la tuyauterie a provoqué une inondation dans votre maison et, pendant que l'eau montait, vous pensiez à l'assurance que vous avez oublié de renouveler : à votre avis, qui est le responsable ? Cherchez bien, regardez votre vie, observez tous les boomerangs qui vous reviennent sous forme de pépins : c'est vous qui les avez lancés. Qu'il s'agisse de vos comportements ou de vos actions, la plupart du temps, vous êtes la source de complications inextricables.

Avez-vous déjà pensé qu'au lieu de passer votre temps à résoudre des problèmes, vous pourriez peut-être changer certains de vos comportements ou vous organiser pour ne plus avoir de problèmes ?

Ne jamais remettre au lendemain

Certaines personnes remettent toujours au lendemain ce qui pourrait être fait le jour même ; c'est ainsi qu'un délai est dépassé, que des affaires sont manquées, qu'un rapport est fait dans l'urgence, à la dernière minute, que la cantine de l'école n'est pas payée et que les impôts sont régularisés avec 10 % d'amende de retard. Cette attitude génère une cascade d'ennuis sous lesquels le procrastinateur se débat avec la pénible sensation de ne jamais pouvoir respirer librement, la tête hors du fatras. Déculpabilisons-nous : les hommes se ressemblent tous dans ce domaine et personne ne saute de joie à l'idée de remplir sa déclaration d'impôts. Cependant, certains ont compris que pour être tranquille, pour vivre plus sereinement, pour garder un certain contrôle sur sa vie, il est préférable de ne pas laisser traîner les affaires en cours et il est même souhaitable de les traiter tout de suite. Avant d'en arriver à cette étape, commençons par faire le tour de tout ce qui est en instance de règlement, les affaires non classées, tout ce qui est en suspens autour de vous.

C'est le moment d'ouvrir tous les tiroirs de votre vie, de ranger, de trier et de conclure tout ce qui doit être conclu.

- Passer en revue les papiers, les formalités, le courrier, les factures ;
- Remplir les demandes de virements automatiques ;
- Penser aux assurances auxquelles on doit souscrire, aux abonnements qu'on veut prendre, aux remboursements qu'on veut demander ;
- Établir notre position bancaire ;
- Demander des prolongations de délai de paiement ;
- Ranger nos dossiers réels ou virtuels (sur notre ordinateur) ;
- Mettre les copies de sauvegarde informatique à jour ;
- Faire le ménage de notre boîte à courrier électronique, répondre aux courriels ;
- Remplacer les ampoules électriques grillées, acheter des piles neuves ;
- Faire faire des doubles de clés ;
- Se débarrasser des appareils qui ne fonctionnent plus ou les faire réparer ;
- Trier nos vêtements, donner ceux dont on ne veut plus, les porter chez le nettoyeur, faire le repassage en retard ;
- Changer les matelas usagés ;
- Avoir tous les produits d'entretien dont on a besoin ;
- Faire le ménage à fond ;
- Refaire son carnet d'adresses ;
- Mettre un point final aux relations toxiques ;
- S'expliquer avec cette amie que l'on ne voit plus depuis deux mois ;
- S'expliquer enfin avec ses parents, ses frères ou sœurs ;
- Prendre rendez-vous chez l'ophtalmologiste ou la dermatologue ;
- Passer les examens médicaux qu'on avait repoussés ;
- Aller chez le dentiste ;
- Faire faire la révision de sa voiture, etc.

Vous pouvez continuer votre propre liste, le but du jeu étant de mettre un point final à tout ce qui n'est pas terminé, aux multiples petites choses que vous remettez à plus tard depuis longtemps déjà et qui risquent de prendre une tournure fâcheuse si vous ne vous en occupez pas. Pour une femme, repousser éternellement un examen gynécologique ou une mammographie et, pour un homme, différer un examen de la prostate ou un examen cardiologique peut se révéler lourd de conséquences, surtout passé un certain âge.

De même, tous ces retards engendrent des coûts financiers dont le montant, s'il devait être calculé, impressionnerait certainement le principal intéressé.

Enfin, en dehors de situations dramatiques, le prix à payer sur le plan de l'image et de l'estime de soi est élevé.

Donc, si ce livre peut vous servir à quelque chose, programmez-vous une ou deux journées ou même plus pour tirer un trait sur tout ce qui devrait déjà appartenir au passé. Et surtout, ne repoussez pas la programmation de ces journées, prenez votre agenda et notez-les maintenant.

Maintenant, tournons-nous vers le présent et regardons le futur.

Prendre des mesures

Prendre des mesures, c'est d'abord une question de vocabulaire. Apprendre à surveiller son langage pour ne plus dire «Je devrais», «Il faudrait», «Je vais essayer» – toutes ces formulations conditionnelles qui vous donnent déjà l'autorisation d'échapper à quelque engagement que ce soit. Préférez ne rien dire, si vous n'êtes pas sûr de vous, ou dites franchement: «Je ne peux pas garantir la date à laquelle ce travail sera fini.» Dites ce qui correspond à la réalité et, surtout, arrêtez de vous illusionner vous-même. Par contre, vous pouvez faire le choix de l'engagement: «D'accord, je te rendrai ce document demain avant 18h00.» Si vous le dites, faites-le. De même, si vous commencez quelque chose, finissez-le.

Prenez des risques avec vous-même, voyez cela comme un mini-défi, surprenez-vous, essayez enfin de faire quelque chose de différent !

Donnez-vous une nouvelle règle : faire tout, tout de suite, sans vous poser de questions. Répondez au courrier le jour même, payez les factures et les contraventions immédiatement, faites votre déclaration d'impôts la semaine où vous recevez le formulaire.

Dès que vous avez fait une tache sur l'un de vos vêtements, portez-le chez le nettoyeur. Si vous n'avez pas le temps de traiter un sujet et de donner une réponse dans l'immédiat, envoyez un courriel d'accusé de réception disant que vous répondrez avant telle date. Faites vos copies de sauvegarde informatique tous les soirs. Ne laissez pas en suspens un malentendu, réglez-le tout de suite.

Votre liste de choses à faire doit redescendre à zéro toutes les semaines.

Si vous avez une idée, notez-la dans l'instant. Apprenez à déléguer, vous ne pouvez pas tout faire seul. On vous demande quelque chose de non prévu, ne dites pas oui tout de suite pour faire plaisir ; négociez plutôt une date.

Vous avez saisi l'esprit ? Ce rythme – un peu nouveau, certes – vous permettra de lever une chape de plomb de vos épaules, un poids de stress et d'anxiété dont vous ne soupçonniez même pas l'ampleur. Essayez pendant au moins une semaine et observez la différence.

Adoptez de nouveaux comportements

Nombre de nos comportements peuvent constituer une source de problèmes. À certains moments, nous adoptons un comportement excessif ou rigide dont nous savons bien qu'il ne donne pas les meilleurs résultats ; à d'autres moments, nous devenons inconsistants, nous laissons les autres déborder sur notre espace, nous envahir. Aucun de ces extrêmes n'est satisfaisant pour nous.

Derrière un comportement que nous adoptons, il y a toujours un objectif positif. Un comportement donné est pour ainsi dire au service d'un objectif important pour nous. Bien souvent, cet objectif fait partie des besoins humains que nous avons passés en revue dans le cercle précédent. Par exemple, être en retard systématiquement peut très bien servir notre objectif-besoin d'importance. Le seul problème, c'est que ce comportement finit par se retourner contre nous. Pour le corriger, il va donc falloir démontrer à notre cerveau que nous pouvons satisfaire notre besoin d'une autre manière.

Recensez les comportements que vous aimeriez adoucir ou changer et notez-les. Imaginez maintenant que vous vous adressez amicalement à la partie de vous qui dirige ce comportement. Posez-lui les questions suivantes :

- En adoptant ce comportement, quel est ton objectif? Qu'est-ce que tu veux faire pour moi ?
- Vous obtenez une première réponse. Ensuite vous posez une autre question :
- Qu'est-ce que cela m'apporte ?
- Vous avez une autre réponse. Et vous continuez :
- Et ça, qu'est-ce que ça m'apporte ?

Continuez jusqu'à ce que vous sentiez que vous détenez la bonne réponse, qui pourrait être de l'amour, du respect, de la reconnaissance, de la sécurité, etc.

Quand vous avez la réponse, vous pouvez faire appel à votre créativité pour trouver de nouvelles façons d'atteindre cet objectif si important pour vous. Cela vous permettra d'essayer de nouveaux comportements, et vous découvrirez ainsi de nouvelles choses très intéressantes. Si nous reprenons l'exemple des retards et que, à tout hasard, vous avez diagnostiqué un besoin d'importance et trouvé les multiples façons de le satisfaire, vous pouvez alors prendre le risque de faire quelque chose de radicalement nouveau pour vous, comme arriver cinq minutes en avance, par exemple.

En effet, il est difficile d'envisager de changer un comportement si l'objectif visé par ce comportement n'est pas identifié et si l'on ne trouve pas de nouvelles façons de l'atteindre. Il est important que ces nouvelles façons vous conviennent sans la moindre réserve. Si vous entendez une toute petite voix qui proteste, trouvez encore autre chose. Veillez cependant à ce que ces solutions soient écologiques pour vous et votre entourage, qu'elles soient en accord avec vos valeurs et qu'elles ne fassent de tort à personne.

Traçons nos frontières

Anne est contrariée, furieuse contre elle-même. Son collègue de bureau s'est encore amusé à lui faire des sous-entendus salaces et elle n'a pas osé le remettre fermement à sa place.

Martine, elle, est désespérée. Elle rentre du travail, la maison est un chantier, les affaires des enfants sont éparpillées dans toutes les pièces et, comme d'habitude, elle les ramasse une par une pour les ranger.

Marc, quant à lui, est très stressé. Il avait promis d'aller voir son fils au judo et, comme d'habitude, il s'est laissé déborder par sa journée. Il va rater le cours.

Olivier, de son côté, constate qu'il grossit beaucoup en ce moment. Normal, avec tous ses dîners avec les clients. Et puis, c'est difficile de ne pas les accompagner : apéritifs, vin rouge, etc.

Une fois de plus, Chantal a fait semblant de croire que son amant allait quitter sa femme. Et le temps passe. Quant à Fred, il a encore vu débarquer son bon vieux copain, qui est vraiment dans une mauvaise passe. Il a dû le dépanner en lui prêtant une somme rondelette. Valérie, elle, a encore laissé son mari l'humilier devant les enfants. De son côté, Jacques a définitivement accepté d'être le souffre-douleur de son patron. Et puis il y a Sophie, qui a prêté la voiture à son fils ; il la lui rend sale, le cendrier débordant de mégots.

Combien de petites choses laissons-nous passer tous les jours ? Tous ces comportements, toutes ces actions qui nous contrarient, qui nous polluent la vie, pourquoi les supportons-nous ? Peu importe, il existe sûrement de très nombreuses raisons, différentes ou semblables pour chacun d'entre nous. La plupart obéissent à des messages que nous avons reçus, enfants ; elles répondent au fait que nous ne nous penchons pas assez sur nous, sur nos besoins. Nous voulons être gentils, aimables, serviables, aimés, désirés, reconnus et indispensables. Nous voulons correspondre à une image idéale : une bonne mère, un bon mari, un bon ami, une bonne collègue, un collaborateur vraiment pro, une dirigeante irréprochable. Ces mythes, telle une épée de Damoclès, sont suspendus au-dessus de notre tête : nous voulons tellement que les autres nous trouvent bien que nous nous oublions nous-mêmes.

Et si nous tentions autre chose ? Si nous essayions d'être un peu plus égoïstes et de poser des limites autour de nous afin de protéger notre territoire intime. Imaginez que vous vous déplacez et qu'autour de vous, dans un périmètre proche, vous délimitez une zone d'intimité privée que quiconque ne pourra plus franchir avec des pieds boueux (même vous), sauf pour y partager des choses justes, belles, tendres et douces. Dans chacun des domaines de votre vie, comment pouvez-vous déterminer cette zone ? En fait, c'est assez simple. Pour chacun des domaines de votre vie, choisissez cinq choses que, décidément, vous n'accepterez plus. Vous les connaissez, vous ne les supportez plus, elles vous laissent à chaque fois sans énergie.

Premier domaine : votre famille au grand complet. Qu'est-ce que vous ne supportez plus ? Quelle mesure devez-vous prendre pour que votre limite soit respectée. Soyez encore plus exigeant !

Deuxième domaine : votre vie amoureuse, faites de même.

Troisième domaine : votre vie professionnelle, *idem.*

Quatrième domaine : vos relations, vos amis.

Cinquième domaine : vos finances.

Sixième domaine : et vous, comment vous y prenez-vous pour vous nuire ? Comment est-ce que vous vous maltraitez ? Qu'est ce que vous ne supportez plus, venant de vous-même ?

Allez-y progressivement et à votre rythme. Commencez par les limites à poser les plus urgentes. Constatez la différence dans votre vie de tous les jours et, progressivement, agrandissez cette sphère d'intimité en élevant votre niveau d'exigence vis-à-vis de vous-même. C'est une responsabilité envers nous-mêmes que de ne pas nous laisser bousculer, piétiner, ignorer ou insulter. C'est un devoir que nous avons, pour nous et nos proches, de nous traiter avec respect en nous rappelant que nous sommes précieux, importants et uniques.

CHAPITRE 7

Entrez au cœur de la maîtrise

Notre vie se déroule dans un environnement changeant. Tantôt, nous sommes chez nous avec nos proches, puis nous émigrons en masse sur le lieu de notre activité ; nous accomplissons notre devoir de citoyen, nous nous mettons en règle avec l'État par l'intermédiaire de son administration, nous organisons une sortie avec des amis et, selon nos centres d'intérêt, nous fréquentons également une salle de sport, un espace de détente et de loisirs, une école ou un lieu d'apprentissage.

Des domaines et des rôles

Nous interagissons avec divers interlocuteurs, dans différents contextes, à partir de préoccupations ou de situations données qui sont propres à ces contextes. Ces contextes changeants exigent chaque fois de nous un comportement approprié, une réponse adaptée.

On peut distinguer six grands domaines dans notre vie :

- La famille (les ascendants, les descendants, la fratrie) ;

- Le couple (le conjoint, l'ex-conjoint ou l'ami(e) ;
- La vie professionnelle (les interlocuteurs de la vie au travail) ;
- La vie relationnelle (les relations, les amis) ;
- La vie sociale (l'État, l'administration, la collectivité, l'association, le syndicat, la copropriété, etc.) ;
- La vie personnelle (la santé, le bien-être, le développement personnel, la formation, les nouveaux apprentissages, la spiritualité, l'élaboration de nouveaux projets, les loisirs, etc.).

Les personnes que nous côtoyons nous sont plus ou moins proches, selon le domaine particulier. Paradoxalement, les personnes qui nous sont les plus chères ne sont pas celles avec lesquelles nous passons le plus de temps. Bien souvent, la majeure partie de notre temps est absorbée par des tâches qui, en bout de ligne, profiteront à des gens que nous n'avons jamais rencontrés.

Dans chacun des six domaines de notre vie, nous avons une fonction ; et nous avons des responsabilités rattachées à chacune de ces fonctions.

La notion de responsabilité

Le mot «responsabilité» signifie, dans son sens originel, que nous nous portons garants de quelque chose, que nous avons une réponse à donner à une personne physique ou morale, à une collectivité ou à une entité. Quand nous émettons une idée, nous sommes responsables de cette idée. Quand nous prenons une décision, nous en sommes responsables, et il en est de même pour les conséquences qui en découleront. Quand nous effectuons un choix, quand nous accomplissons une action, nous sommes à la source, nous sommes responsables.

Chaque jour, nous nous positionnons dans un environnement qui nous sollicite de façon directe ou indirecte. Selon la position que nous avons choisie, nous répondons de différentes manières à notre environnement. Et telle est bien la réalité incontournable: dans cette position «d'émetteur», il y a toujours un choix à effectuer. À l'ultime extrémité, il s'agit du choix de vivre ou de mourir. Mais il y a toujours un choix, aussi dur soit-il. Nous choisissons donc notre comportement de réponse, tous les jours, à chaque minute. Cette réponse est guidée par nos besoins, nos valeurs, nos croyances et nos talents, lesquels arbitrent – parfois très rapidement, parfois plus lentement – les possibilités de réponses qui s'offrent à nous. Entre les choix «a», «b», «c» ou «d», le système d'élimination peut être très rapide si «a» correspond à un besoin puissant. Il peut d'ailleurs être si rapide que, après coup, on sera persuadé de n'avoir pas eu d'autre choix. Ce n'est qu'en prenant du recul, en réfléchissant avec un ami ou un *coach,* que l'on prendra conscience du fait qu'il y avait bien d'autres voies.

Évidemment, le retour, sous forme de résultats ou de constats, de tout ce que nous émettons n'est pas forcément plaisant. Difficile, parfois, d'admettre que la scène qui se joue avec insistance devant nous est bien la résultante de nos comportements ou de nos brillantes décisions. C'est à partir de cet instant que trois solutions s'offrent à nous:

- Le déni: «Ah! non, ce n'est pas possible! C'est la faute à...» (énumération souvent longue). La personne rejette toute responsabilité, c'est la faute des autres, de la société qui est pourrie, de l'humanité qui court à sa perte ou, plus subtil, la faute de son enfance qui n'a pas été facile. Finalement, elle ne se souvient même plus qu'elle est à l'origine de quelque chose. Non, c'était quelqu'un d'autre! Cette attitude lèse surtout la personne qui adopte ce type de réaction. Elle se prive de la richesse du *feed-back,* de l'expérience, des apprentissages qui lui auraient été nécessaires afin d'éviter que la situation se répète. Cette personne est une éternelle victime, elle se plaint souvent, elle joue à des jeux psychologiques qui ont pour but de déstabiliser les gens faisant partie de son environnement pour que ce soit eux qui se sentent responsables.
- Le semi-déni: ici, la personne reconnaît sa responsabilité. Oui, pas de doute, c'est bien elle qui est à l'origine de tout

cela, MAIS elle n'a pas eu de chance ! Les circonstances, le contexte, les amis qui se sont révélés être des faux amis, la Bourse qui a chuté brutalement, etc. La personne trouve tellement de circonstances atténuantes qu'elle n'est presque plus responsable de rien. Au casino de la vie, c'est bien elle qui lance la boule de la roulette, mais la suite ne dépend plus vraiment d'elle, il y a trop de facteurs imprévisibles ou impossibles à gérer ! Il est vrai que certains contextes sont plus difficiles que d'autres, plus chaotiques, plus incertains ; cependant, si les éléments du contexte sont soigneusement étudiés, nombre de choses restent prévisibles. C'est bien souvent une question de réflexion, de préparation, de justesse d'expertise, de sang-froid, de prudence, d'interprétation des premiers *feed-back*. Les adultes se comportent bien souvent comme des enfants sur le plan émotif : si on a un mauvais résultat, on croit qu'on va être puni et que, en plus, les autres vont ricaner et nous montrer du doigt ! Pour éviter ce jugement, cette infamie, on préfère se mentir à soi-même et mentir aux autres. Finalement, tout le monde est complice dans cette histoire : « Si tu ne me montres pas du doigt et que tu acceptes mes justifications fallacieuses, je ferai de même pour toi. » Et c'est ainsi que, jusqu'aux plus hauts sommets de responsabilité, tout le monde s'entend pour ne pas voir un château de cartes s'écrouler. C'est bien là toute l'erreur : dans la culture du jugement de l'erreur, du mauvais résultat. Nous agissons comme si nous étions programmés pour faire tout parfaitement et du premier coup. Au contraire, le cerveau humain apprend par expérience, il se perfectionne dans une tâche grâce à la répétition d'expériences dont on a pu tirer des apprentissages.

- La troisième attitude est l'acceptation de sa responsabilité : « Très bien, c'est un fiasco : je reprends le déroulement du processus pour comprendre où je me suis trompé, en tirer les leçons et recommencer différemment. » Ou bien : « Je reconnais que j'ai commis une erreur ; j'ai compris, il y a un prix désagréable à payer, je vais m'en acquitter, je vais réparer. »

La punition est bien souvent donnée par le contexte de retour. Elle correspond à une émotion douloureuse qu'il convient de surmonter à un moment donné pour comprendre ce qui s'est passé.

Nous faisons tous des erreurs plus ou moins graves, c'est comme cela que nous apprenons et que nous évoluons. Que nous l'acceptions ou que nous ne l'acceptions pas, ce que nous entreprenons constitue une réponse à notre environnement, une réponse qui nous engage. Cela suppose que, en amont, nous avons fait un choix.

En acceptant une fonction, nous faisons ce choix. Nous savons que cette fonction comporte, en elle-même, des engagements répertoriés et connus de tous. Quand nous assumons une fonction quelconque, nous acceptons les engagements que notre fonction sous-tend, nous savons qu'il existe des réponses précises à apporter.

Cela dit, après tous ces beaux discours sur le choix, notre histoire commence par un non-choix : nous sommes le fils ou la fille de... quelque part dans le monde ! Cependant, adultes, c'est en conscience que nous déciderons si nous prenons les engagements liés à l'héritage de cette fonction.

Dans le domaine de notre vie de famille, nous avons donc, par exemple, la fonction de père ou de mère, de fils ou de fille, de frère ou de sœur, etc. Ainsi, nous avons plusieurs interlocuteurs. Pour chacune de nos fonctions, il est admis que nous assumons des responsabilités.

Quelles sont vos responsabilités ?

Dans le domaine de votre vie professionnelle, vous avez une fonction : vous êtes directeur des ressources humaines, commerçant, comptable, etc. Vous avez choisi ce métier, cette activité. Certaines personnes ont assurément moins de choix que d'autres ; cependant, même dans le cas d'un éventail plus restreint, la notion de choix reste bien présente. L'activité dans laquelle nous sommes engagés, qu'il s'agisse d'élever ses enfants ou d'être le président d'une multinationale, représente beaucoup d'investissement personnel, en énergie et en temps. Il s'agit donc d'un choix qui va conditionner une certaine qualité de vie, un certain rythme. Il repose sur des critères personnels, des valeurs et des besoins auxquels nous attachons une certaine importance. La première question qu'il est important de se poser est donc la suivante : De quoi vous êtes-vous porté garant en choisissant ce métier, cette activité ?

C'est une question de fond qui doit apporter des réponses quant aux responsabilités fondamentales engagées par l'acceptation de ce rôle. Quelles que soient les circonstances, vous avez accepté ce rôle, cette fonction ; des personnes dépendent de vous, elles sont concernées par vos agissements.

À ce titre, vous allez apporter des réponses aux différentes personnes qui, de près ou de loin, peuvent être affectées par votre fonction. Si vous êtes comptable, les personnes concernées peuvent être : votre supérieur hiérarchique, votre patron, la personne morale que représente la société, les employés pour lesquels vous établissez les fiches de salaire, les administrations fiscales auxquelles vous adressez des déclarations, les administrations chargées de collecter les charges sociales, les fournisseurs pour lesquels vous établissez des règlements, les clients pour lesquels vous établissez des factures, l'expert comptable, le commissaire aux comptes, etc. Toutes ces personnes ont des attentes par rapport à vous, vous avez besoin d'elles pour exercer votre métier, pour produire quelque chose. Appelons-les vos partenaires. Quels sont donc tous vos partenaires ? Maintenant, mettez-vous à leur place l'espace d'un instant, essayez d'imaginer, par exemple, que vous êtes votre expert comptable. Qu'attend-il de vous ? Pour chacun de vos partenaires, répondez honnêtement à cette question. Faites la liste des attentes que vous leur prêtez.

La troisième question est plus ponctuelle ; certaines réponses, cependant, recouperont parfois les réponses que vous avez données à la première question. Aujourd'hui, en occupant cette fonction, dans cette entreprise particulièrement, de quoi vous portez-vous garant ? En quoi vous sentez-vous engagé ?

Si vous êtes chef d'entreprise, le raisonnement est identique. Quels sont vos partenaires ? Les employés, les clients, les fournisseurs, les syndicats, les médias, les actionnaires, les banques, les organismes administratifs ?

Quelles sont vos responsabilités vis-à-vis de chacun d'eux ? De quoi exactement devez-vous répondre pour chacun d'entre eux, sur le fond et dans l'année à venir ?

La vie amoureuse, les amis représentent une part importante de notre vie. En tant qu'homme ou femme aimante et selon la relation, quel est votre engagement ? De quoi vous êtes-vous porté garant pour votre couple ? Peut-être avez-vous une vie sentimentale plus complexe ? Quelles sont vos responsabilités envers chacune des personnes qui sont dans votre vie ? Et vos amis, sur quelle réponse solide de votre part peuvent-ils compter ?

Notre vie sociale sollicite des réponses que nous nous sommes engagés à donner : payer nos impôts, nos cotisations, respecter les lois ; nous engager dans une association, être copropriétaire ou locataire, faire des dons, etc. Ici, la liste des responsabilités est longue et, qui plus est, dans certains cas, nous écopons une sanction véritable et officielle si nous manquons à nos devoirs.

Enfin, et il s'agit d'un domaine prioritaire, il y a les responsabilités que nous prenons vis-à-vis de nous-mêmes : notre santé, notre détente, notre bien-être, notre forme physique, nos apprentissages, nos distractions, notre plaisir, nos besoins, notre développement personnel, notre spiritualité, nos projets d'avenir.

Cette notion de responsabilité a un double avantage. Tout d'abord, elle nous ramène à nos priorités, à ce qui est vraiment important pour nous. Certaines de nos priorités sont présentes à long terme et, bien souvent, elles concernent les raisons qui ont déterminé le choix d'une fonction quelconque. Elles indiquent que vous en avez une certaine vision et une conception quant à la façon de l'assumer. Les autres priorités peuvent être plus ponctuelles. Par exemple : mon fils passe son diplôme d'études supérieures cette année ; je considère qu'il est de ma responsabilité de le suivre de plus près, de le stimuler, de lui apporter mon aide de quelque façon que ce soit.

Ensuite, cette notion de responsabilité vous ramène à vous. Elle vous rappelle que vous avez fait des choix qui sont bien les vôtres, que c'est en conscience que vous avez pris des décisions, que vous en assumez les conséquences, que vous avez créé votre style de vie. Il s'agit bien de votre potentiel d'actions et de la façon dont vous l'imposez à un contexte.

Pour chacun des domaines, travaillez avec une feuille de papier par fonction.

Bon, maintenant que vous avez défini vos domaines, vos fonctions et vos partenaires ainsi que vos responsabilités à long terme et celles pour l'année à venir, vous allez vous demander ceci : Qu'est-ce que cette responsabilité sous-tend comme actions ? Comment vais-je m'y prendre pour assumer cette responsabilité ?

Les objectifs

Dans le domaine du couple, si vous avez écrit : « J'ai pour responsabilité de rendre ma femme heureuse », vous avez un vaste programme ! Cela indique peut-être un nombre d'objectifs importants, dont certains ne dépendent certainement pas de vous. Donc, en écrivant vos responsabilités, assurez-vous qu'elles dépendent bien de la réponse que vous êtes capable d'apporter. Ici, nous pourrions dire que vous avez pour responsabilité de mettre en œuvre, dans la mesure du possible, tous les moyens propices au bonheur de votre couple. Un objectif doit dépendre de vous, de ce que vous pouvez assumer. Ce nouvel objectif semble faisable et réaliste, il dépend de vous. Quelles actions allez-vous mettre en place pour le réaliser ?

Sur le plan professionnel, si vous avez écrit, concernant le partenaire X : « Lui apporter un chiffre d'affaires, en progression de 20 % », demandez-vous quelles sont les actions qui, à votre niveau, devront être mises en place pour atteindre cet objectif.

Sur le plan personnel, très généreux avec vous-même, vous avez noté : « Garder une bonne santé, avoir la superforme. » Intéressant ! Soyez plus spécifique, car les plans d'actions vont suivre dans la foulée. Les vœux pieux sont une chose, les engagements pris envers soi-même en sont une autre ! Prenons les objectifs au pied de la lettre. Quelles actions comptez-vous engager cette année pour préserver votre santé ? Votre forme ?

La famille est un domaine de vie qui, pour certains, est synonyme de stabilité, de réussite ; il est donc porteur de sens. Fonder une famille est certainement un acte des plus significatifs d'engagement personnel pour nombre de personnes. Faire partie d'une famille peut constituer une force, un atout. Alors, quelles réponses estimez-vous devoir apporter à votre famille ? De quoi vous portez-vous garant ? De mettre en œuvre les moyens qui permettront à vos enfants de faire de bonnes études ? De faire tout ce que vous pouvez pour qu'ils deviennent autonomes ? Ici non plus, ne prenez pas de pari sur leur bonheur ! C'est un objectif pour lequel vous n'avez pas toutes les cartes en main. Dans ce domaine particulièrement, soyez honnête avec vous-même, sans culpabilisation. Inutile de vous raconter des histoires, de vouloir correspondre à des standards, à des idéaux. Allez-y en fonction de qui vous êtes, en vous rappelant que vous n'êtes pas parfait. Peut-être que le fait d'avoir des enfants vous pèse, ne pas vouloir se l'avouer peut amener des contreréactions qui seront négatives pour toute la famille. Personne n'a le pouvoir de vous juger, c'est votre histoire, elle ne regarde que vous. Par contre, vous pouvez vous engager à prendre en compte ce dont ils ont besoin pour se sentir aimés de vous. Dans ce domaine, quelles actions allez-vous mettre en place pour atteindre vos objectifs ?

Maintenant que vous avez établi une liste d'actions pour chacune de vos fonctions, pour chacun de vos objectifs, vous pouvez établir votre plan d'actions. Il est assez simple. Vous pouvez faire un plan d'actions par objectif.

Le plan d'actions

Pour atteindre un objectif, vous allez mettre en place un certain nombre d'actions et dans un certain ordre. Dans la première colonne, à gauche, vous indiquez le titre de la tâche, par exemple: «Préparer une lettre pour les prospects.» Faites attention au piège suivant: sous l'apparence d'une seule action, il peut y en avoir plusieurs. Par exemple, si dans votre plan d'actions figure l'organisation d'une réunion, il y a peut-être deux autres actions subsidiaires: préparer la réunion et établir le plan d'actions de cette réunion.

Certaines tâches sont faites uniquement par vous, d'autres nécessitent la présence de talents complémentaires et d'autres doivent être déléguées. Qui est concerné par cette tâche? C'est l'objet de la deuxième colonne.

Pour la suite des opérations, il est déterminant d'évaluer le temps qui sera consacré à l'action dans sa totalité. Une demi-journée, une journée, une heure? Si d'autres personnes sont concernées, vous pouvez dédoubler cette action en ajoutant sur le plan les appels aux collègues concernés pour qu'ils puissent intégrer la réunion à leur emploi du temps.

Maintenant, il ne nous reste plus qu'à programmer la date à laquelle cette tâche doit être exécutée. Il s'agit de la dernière colonne.

Il peut être tentant d'écrire les plans d'actions uniquement pour les sujets de priorité professionnelle. Cependant, rappelons-nous bien que les personnes qui nous sont chères sont bien souvent les plus lésées sur le plan des projets communs et du temps qui leur est consacré. Le fait de définir nos responsabilités indique bien à quel point notre niveau d'engagement est fort dans les domaines privés. Il importe donc d'être en mesure de compenser un décalage entre la force de ces responsabilités et leur traduction en actions réelles, concrètes. Les actions peuvent d'ailleurs être brèves mais symboliques: par exemple, Xavier, chef d'entreprise, trouve toujours du temps, entre 17h00 et 19h00, pour passer un coup de fil à ses enfants. Cela dure 15 minutes, mais cette régularité fait passer avec force un message d'attention et d'affection qui témoigne aussi de l'importance que Xavier attache à cette relation.

La personne que nous avons le plus tendance à négliger, c'est nous. Pourtant, le jour où nous serons épuisés, hors du coup et sans projets, nous regretterons amèrement de n'avoir pas pris le temps que nous aurions dû nous consacrer et que personne ne nous rendra.

Si vous avez des projets à long terme, des projets complexes, découpez-les en sous-objectifs et refaites des plans d'actions pour chacun.

Le plan d'actions est le lien entre vos responsabilités et leur réalisation concrète. La dernière étape de ce processus débouche tout simplement sur l'inscription de vos actions dans votre agenda.

La planification, l'agenda

Muni de vos plans d'actions, il s'agit maintenant de reporter chacune des actions dans votre agenda.

Vous pouvez programmer ces actions sur une période de un mois et les revoir chaque semaine, ou bien tous les quinze jours, voire toutes les semaines, selon le rythme qui vous convient le mieux. Dans tous les cas, refaites le point une fois par semaine.

Dans votre agenda, vous reportez les actions concernant tous vos domaines de vie : vos cours de gym, feuilleter les derniers journaux professionnels, etc. Il est important pour vous que la lecture de cet agenda vous rappelle ce qui est important pour vous.

Quand vous inscrivez une action, vérifiez systématiquement si vous avez programmé un temps de préparation et un temps de répercussion de cette action. La préparation ou le compte rendu d'un rendez-vous peuvent tripler la durée de la tâche. Bien souvent, les personnes n'en tiennent pas compte dans leur planification et l'accumulation de toutes ces périodes d'actions non programmées provoque rapidement une montée de stress difficile à gérer.

Au fur et à mesure que vous délimitez vos plages d'activités, votre agenda se remplit. C'est ici qu'il faut tenir compte d'un principe de réalité. La réalité quotidienne est faite de tous les imprévus, demandes de dernière minute, rendez-vous décalés, réunions reportées ou devancées, rapports à refaire, absences ou retards des personnes qui travaillent avec soi, clients mécontents à traiter, urgences, bref, toutes ces petites choses qui pimentent notre vie quotidienne. C'est pour cette raison que nous vous recommandons de ne pas remplir votre agenda à plus de 50 %. Les 50 % qui restent doivent servir aux rendez-vous improvisés, aux rencontres nécessaires, aux urgences, aux imprévus. Il est important que vous disposiez de toute la souplesse dont vous avez besoin pour structurer une journée sans la terminer en étant mécontent de vous-même.

Vous pouvez également réserver dans votre carnet une plage horaire quotidienne pour toutes les tâches qui doivent être traitées immédiatement : courrier électronique, appels téléphoniques, copies de sauvegarde informatiques, demande de renseignements urgents, etc.

Si, au bout de quelques semaines, vous réalisez que vous avez systématiquement omis d'aller à votre cours de gym, c'est que vous faites face à un objectif irréaliste. Vous avez commis un vœu pieux. Ne faites pas semblant de ne pas le remarquer ou ne le supprimez pas lâchement en baissant les bras. Ces procédés sont nuisibles à l'estime de soi et à la responsabilisation. Reprenez votre plan d'actions et voyez comment rendre l'objectif plus abordable ; entamez une négociation avec vous-même. Si vraiment l'objectif n'est pas réalisable, jetez le plan d'actions et rayez la responsabilité qui va avec. Ce sera pour une autre année. Il est important que vous accomplissiez ces actions, que vous admettiez par ces gestes que cette responsabilité n'est pas de mise cette année. C'est toute la notion de cohérence avec vous-même qui est en jeu. C'est prendre l'habitude de ne pas se raconter d'histoires, de regarder les choses en face.

Ce processus qui va de la responsabilité à l'agenda est très efficace pour quiconque le met en pratique. C'est la seule façon d'être au cœur d'une influence sur sa propre vie. Avec ces outils, c'est vous qui façonnez vos journées en fonction des rôles que vous avez accepté de tenir. S'en servir, c'est marquer sa volonté de prendre en charge son existence en faisant le lien entre ses actions quotidiennes et les engagements véritables que l'on a pris à un moment donné.

Au commencement, la première fois, le procédé peut paraître un peu long, voire rébarbatif. À partir de la deuxième semaine, il ne vous prendra plus qu'une heure par semaine et vous pourrez constater une nette amélioration de votre qualité de vie. Moins de stress, plus de maîtrise, le plaisir de renouer avec des domaines que vous aviez, peut-être, un peu perdus de vue.

Si vous avez un conjoint, mettez-le au courant pour qu'il vous soutienne dans cette démarche. Il acceptera certainement avec plaisir, car il deviendra très vite un des premiers bénéficiaires de cette nouvelle organisation.

Si vous possédez un assistant personnel électronique, la technique proposée ici vous donnera l'occasion de l'utiliser pleinement dans sa fonction de base.

Entrer dans le cercle de maîtrise de l'action

Ce chapitre est des plus importants pour quiconque aspire à une véritable victoire sur le contexte dans lequel il se trouve. Il s'agit d'abord de stopper les processus qui alimentent d'un tir nourri les problèmes quotidiens. Prendre le temps de s'organiser en amont ; ne pas laisser traîner ses affaires ; admettre que certains de nos comportements sont générateurs de réponses déplaisantes ; établir les frontières chargées de nous protéger des envahissements de notre entourage ; bref, organiser une vie en évitant, de préférence, de participer activement aux tracas, petits et gros, du quotidien. Ensuite, il est question d'avoir bien en tête ce qui est important pour nous, c'est-à-dire nos priorités. La définition de nos responsabilités et des projets qui en découlent est un élément clé de la maîtrise de nos actions quotidiennes En effet, ces projets déclinés en plans d'actions se retrouveront ainsi en priorité dans notre agenda, ce qui nous permettra d'équilibrer chacun des domaines de notre vie. Ce peut être également l'occasion de mettre certaines responsabilités en question.

C'est vous qui avez les cartes en main ; en vous aidant de tout ce que nous avons vu ensemble, refaites vos choix.

Dans *Le jour de la marmotte,* aidé par un contexte sans surprises, le personnage que joue Bill Murray finit par comprendre qu'il a un réel pouvoir sur sa vie. Chaque jour, ses expériences lui permettent de se découvrir ; sa perception du monde évolue et il comprend que les changements qu'il opère sur son comportement modifient la couleur et la teneur des journées suivantes. De même, peu à peu, il découvre ses centres d'intérêt et il refaçonne ses journées en fonction d'eux. Grâce à une succession de journées identiques, coincé dans le temps, pour échapper à la déprime et à la folie, il est sommé de changer ses habitudes, sa façon de penser ; il se retrouve dans l'obligation de faire autrement, d'expérimenter, de trouver une issue, un sens à ce temps qui se passe.

À bien y regarder, notre situation n'est pas très éloignée de la sienne. Nous sommes sur terre pour un certain nombre d'années, nous naissons dans des endroits plus ou moins privilégiés, mais nous sommes des êtres doués d'un pouvoir privilégié, nous avons une conscience, un esprit, et nous avons le pouvoir de choisir notre direction ainsi que la vie que nous souhaitons mener, même si cela est plus évident pour certains que pour d'autres.

QUATRIÈME PARTIE

Le quatrième cercle de maîtrise : la communication

Communiquer, c'est mettre en commun, c'est l'acte qui nous constitue. Si l'on estime que cet acte est impossible, on refuse tout projet humain.
Albert Jacquard

«Sur l'acropole de Gordion, dans le temple de Jupiter, se trouvait un char qui, assurait-on, avait transporté le père de Midas, Gordios. Le joug était une curiosité, car bien des nœuds s'y mêlaient les uns aux autres dans un enchevêtrement confus. La légende locale affirmait que, d'après la prédiction d'un oracle, celui qui dénouerait le lien inextricable serait le maître de l'Asie. Le désir vint au cœur d'Alexandre de réaliser cette prédiction. La série de nœuds était si compacte que ni la réflexion ni la vue ne permettaient de saisir d'où partait cet entrelacement et où il se dérobait. Sans résultat, Alexandre lutta longuement contre le secret de ces nœuds. "Peu importe la façon de les défaire", dit-il alors, et de son épée il rompit toutes les courroies[27].» C'est ainsi qu'Alexandre trancha le nœud gordien.

27. Quinte-Curce, *Histoires,* III, I - 14 - 18.

Cette expression a traversé les siècles pour illustrer les situations devenues si complexes que les protagonistes finissent par employer la brutalité ou la violence pour les résoudre.

Une relation entre deux personnes, c'est deux complexités qui s'additionnent. Il en résulte des situations – complexes, elles aussi – dues à la qualité de la communication qui prévaut entre les personnes. Si nous étions des êtres dépourvus d'émotions, de besoins, de croyances et de valeurs, nous communiquerions de façon simple et directe. Or, il se trouve que notre communication véhicule des enjeux importants pour chacun d'entre nous. Ces enjeux consistent à satisfaire nos besoins, à conforter nos propres croyances ainsi que nos valeurs et donc l'idée que nous nous faisons de notre identité.

Cependant, nous vivons au sein d'un contexte, d'un environnement qui nous oblige à mener des interactions avec les autres, lesquels ont les mêmes enjeux.

La communication est un outil d'influence. Si nous observons nombre de discussions, nous voyons bien que chacun souhaite faire passer son point de vue et – pourquoi pas ? – l'imposer aux autres. La nature humaine est ainsi faite qu'on est bien souvent persuadé que notre vision du monde est la bonne et que toute occasion de faire du prosélytisme est à saisir. C'est ainsi que des croyances et des valeurs s'affrontent, provoquant des émotions, des comportements et des actes.

À travers les transactions que nous menons, nous recherchons également la satisfaction de nos besoins. Nous savons bien que nous ne pouvons pas exiger cette satisfaction *manu militari* (encore faut-il avoir identifié nos besoins). Pour ce faire, nous déployons une batterie de comportements de communication complexes.

C'est pourquoi, bien souvent, nombre de relations se trouvent empêtrées dans des types de communication difficiles, dans des situations relationnelles inextricables dont personne ne voit l'issue. Que faisons-nous alors ? Bien souvent, comme Alexandre, par exaspération ou tout simplement par réflexe de survie, nous tranchons dans le vif. Comme nous sommes des êtres évolués, nous avons plusieurs façons de le faire. Ce peut être :

- Par la violence, qu'elle soit physique ou verbale ;
- Par la fuite ou la soumission ;
- Plus subtilement, au moyen de jeux destructeurs qui ont pour but l'élimination de l'un ou l'autre des protagonistes.

Toutes ces attitudes génèrent un niveau de stress important. De même, avant d'en arriver à cette extrémité, la période précédant le comportement pour lequel nous aurons opté sera marquée d'un malaise, d'une tension parfois insoutenable pour les protagonistes de la relation.

Bien communiquer, cela s'apprend mais, dans notre ignorance, nous pensons naïvement et sincèrement qu'il s'agit d'un acte naturel et facile. Nous savons, pourtant, qu'il y a souvent un fossé entre les commentaires internes que nous nous faisons à propos d'une situation ou d'un échange et les phrases que nous prononçons au même instant.

Les comportements de communication

Communiquer n'est donc pas aussi simple qu'il y paraît. D'autant moins, que culturellement, il existe un présupposé voulant que la communication consiste à échanger des mots par le canal de la voix ou de l'écriture. Or, comme vous avez pu le remarquer, nous parlons ici de comportements de communication.

Imaginez que vous êtes en train de parler à quelqu'un. Pendant que vous vous exprimez, votre interlocuteur jette des coups d'œil derrière votre épaule à plusieurs reprises, ébauche un petit sourire, se tortille sur sa chaise, etc. Vous ne manquez pas de penser qu'il est distrait et qu'il ne vous écoute pas vraiment. Il a adopté un certain comportement de communication, il vous a adressé un message non verbal très clair. Nous savons parfaitement interpréter les comportements de communication. Si notre conjoint nous tourne le dos quand nous esquissons un geste tendre à son endroit, nous comprenons tout de suite que son attitude constitue un message. Cependant, bien souvent, parce que cela nous arrange, nous faisons semblant de ne pas comprendre et nous posons comme postulat qu'il faut s'en tenir à ce qui est énoncé. Or, l'homme dispose d'un cerveau droit, redoutable scanner du langage corporel. Le moindre pli de la bouche, une petite toux, un microgeste : il enregistre tout et en tire des conclusions qui se manifesteront sous la forme d'une impression, d'une intuition. Nous serons alors amenés à dire : « Cette personne ne m'inspire pas confiance. »

Le cerveau gauche décrypte le langage, les mots, tandis que le cerveau droit s'occupe du langage non verbal. Il est capable de repérer la moindre contradiction entre une parole émise et le geste ou l'attitude qui l'accompagnent. Il comprend vite que le message en question n'est pas ce qu'il paraît être.

Un comportement de communication peut être une action : envoyer des fleurs à quelqu'un, ne pas donner son opinion au cours d'une réunion, se taire quand un ami attend que nous prenions sa défense, bouder, ne pas répondre quand une personne vous dit bonjour.

Les rites, les rituels, les codes et les règles en font également partie. Nous vivons dans une société qui a sa propre culture et ses usages. Au sein d'un même pays, il existe aussi des castes, des clans, des tribus, des corporations, des organisations qui ont leurs propres codes, rituels et règles implicites.

Bien évidemment, la communication passe aussi par le langage. Mais là également, les choses se compliquent. Car les messages énoncés ne sont pas compris par tout le monde de la même manière. D'abord, parce que, bien souvent, nous ne savons pas énoncer une phrase correctement. Ensuite, parce que le message est reçu au cœur d'un univers bien personnel qui va lui donner un sens parfois très éloigné de son sens originel. Seulement, l'émetteur du message découvrira – quelquefois trop tard, quelquefois jamais – l'étrange traduction de son propos.

Comment éviter les nœuds

La complexité des paramètres d'un échange ne peut être écartée du revers de la main. Quand vous parlez à une personne, vous tenez compte de son âge, de son sexe, de son milieu social, du lieu où se déroule la conversation et des autres personnes qui peuvent être concernées par cette conversation.

Comme vous allez le découvrir au prochain chapitre, l'échange, c'est d'abord la rencontre de deux univers différents. Quel que soit le niveau ou la qualité de la relation, la prise en compte de l'autre et de sa différence ne peut être occultée. Nous n'échangeons pas avec un clone de nous-mêmes, c'est d'abord ce qu'il nous faut admettre.

Communiquer, c'est parler, prononcer des mots et faire des phrases. Le chapitre 9 attirera l'attention sur les malentendus qui peuvent s'accumuler si nous ne faisons pas l'effort d'utiliser un langage qui illustre le plus précisément possible notre pensée.

Dans le dernier chapitre, nous parlerons de comportements de communication complexes : les jeux. Nous en démonterons le processus et, finalement, nous comprendrons qu'ils sont chargés de mettre en place des besoins universels.

Vous découvrirez alors que derrière les conflits, les menaces, les insultes, les disputes, les manipulations, etc., se cachent toujours les mêmes choses : des besoins à satisfaire ainsi que des croyances et des valeurs à défendre, à conforter ou à valider.

CHAPITRE 8

Distinguez les enjeux et évitez les conflits

Scènes de la vie courante : un couple se dispute pour la énième fois, puis chacun bat en retraite, frustré et épuisé ; un collègue de bureau s'approprie le travail de son équipier qui n'ose rien dire ; votre amie vient visiter votre nouvel appartement et aucun compliment ne sort de sa bouche ; votre supérieur est de mauvaise foi et vous n'osez pas le lui faire remarquer ; votre patron s'adresse à vous sans le moindre signe de respect et cela vous mine ; syndicat et patronat restent figés chacun sur ses positions, le dialogue est impossible ; depuis quelque temps, votre fils s'enferme systématiquement dans sa chambre et vous n'arrivez plus à avoir la moindre conversation avec lui.

De la plus banale à la plus importante des interactions entre deux personnes, on retrouve les mêmes mécanismes : des non-dits, des acceptations, des soumissions, des fuites, des agressions, des ruses, des pièges, des sous-entendus, des menaces, des jeux manipulatoires, des mensonges, des incompréhensions. Finalement, si nous devions totaliser le nombre d'interactions d'une journée, nous constaterions que rares sont celles que nous avons menées vraiment correctement.

Alors pourquoi est-ce si difficile et comment se fait-il que la boîte à subterfuges de la communication soit si remplie?

À chacun son monde

Vous savez que l'univers est rempli de galaxies. Nombre de planètes existent au sein de ces galaxies; elles sont toutes différentes de par leur paysage, leur atmosphère, leur densité et leurs satellites. Si vous deviez les visiter toutes, vous remarqueriez, certes, des points communs entre elles, mais ce qui retiendrait votre attention, ce serait peut-être leurs différences. Tel un explorateur, vous découvririez ces mondes et, en fonction de leurs caractéristiques, vous vous adapteriez à leur spécificité. À ce jour, l'homme n'a visité qu'une seule planète, la Lune; il a bien compris qu'il devait garder son scaphandre pour respirer et que la faible gravité lui permettait de faire des bonds impressionnants. Nous pouvons donc imaginer que chaque planète rencontrée dans les univers galactiques mériterait d'abord qu'on l'étudie attentivement afin d'en déduire quels comportements il serait possible d'adopter avec elle.

Maintenant, imaginez que lorsque vous rencontrez une personne, vous êtes une planète – donc un univers bien particulier dont elle ne sait rien – et qu'elle-même est aussi un autre univers dont vous ne savez pas grand-chose. C'est un peu dans cet état d'esprit qu'il est souhaitable d'aborder une autre personne. Évidemment, vous savez que c'est un être humain et que vous avez sûrement des points en commun.

Cette personne avec qui vous établissez une relation a une certaine perception du monde. Savez-vous que si vous regardez ensemble un paysage ou une scène quelconque, vous ne voyez pas les mêmes images et que votre façon de traiter les informations est très différente de la sienne? Pourquoi et comment cela est-il possible?

Notre monde intérieur se construit au fil du temps. Dès l'enfance – vous l'avez découvert lorsqu'il a été question des talents –, nous privilégions certaines connexions neuronales et en éliminons d'autres pour des raisons d'ordre culturel, social et affectif. Si l'on tient compte de l'éventail de connexions possibles et du rythme auquel elles s'opèrent, il y a vraiment peu de chances pour que, face à une situation, deux personnes mettent en action exactement les mêmes réseaux de connexions, au neurone près. En fonction de notre héritage génétique, de notre éducation, des conditions et du lieu dans lesquels elle s'est déroulée, des émotions qui y ont été associées, chacun de nous aborde l'âge adulte en être unique, complexe, porteur d'un univers singulier aux multiples paysages, qui ne cesseront d'évoluer tout au long de son existence.

Au cœur de cet univers personnel, certains éléments bien précis mènent la danse: les émotions, les besoins, les valeurs et les croyances. Ils constituent les filtres de notre perception et donc de notre interprétation. Ils sont à la base de notre motivation, seul moteur capable de mettre en action un être humain chaque matin. Pour se lever, pour bouger, il faut avoir une motivation, ne serait-ce que celle de se nourrir. De même, chacun de nos comportements, chacune de nos décisions est la conséquence d'une motivation. Une personne qui se plaint en permanence est très motivée, elle exprime un besoin vital: elle veut attirer l'attention, elle veut de l'affection. Vous l'avez compris, la principale source de nos motivations, ce sont nos besoins. Nous les avons détaillés dans le chapitre 4, vous pouvez donc vous y reporter.

Ces besoins et la nécessité de les satisfaire, même de manière étrange ou destructrice, sont présents derrière la plupart de nos comportements et de nos actes. Nous sommes fortement motivés même si nous l'ignorons. La nécessité de satisfaire nos besoins donne naissance à des processus très créatifs. Notre cerveau dresse des plans sur la comète: comment allons-nous nous y prendre aujourd'hui pour nous rapprocher de leur satisfaction? Encore courber l'échine avec monsieur Trucmuche pour satisfaire notre besoin de sécurité? Être désagréable avec nos collaborateurs pour bien montrer qui est le patron, pour satisfaire notre besoin d'importance?

Proposer à notre meilleure amie d'aller voir ce film qui nous a emballés pour satisfaire le besoin de partager ?

Comme vous pouvez le constater, la richesse des comportements de communication est illimitée et la plupart d'entre eux sont au service de nos besoins.

Ils peuvent également être au service de nos valeurs. Si vous avez comme valeur la franchise et l'honnêteté, cela conditionnera bien évidemment un comportement de communication qui exclura le mensonge, mais qui pourra comporter certaines maladresses de style, à moins que cette franchise ne soit accompagnée d'une autre valeur : le respect de l'autre. Si vous avez comme valeur la liberté, les interactions avec toutes les personnes qui aiment avoir une emprise sur les autres seront placées sous le signe de la rébellion ou de la fuite. Si vous avez comme valeur la justice, il y a fort à parier que l'on vous entendra vous insurger avec force dans des situations qui vous sembleront injustes, peut-être même prendrez-vous des risques, allant jusqu'à laisser cette valeur dépasser votre besoin de sécurité.

Ces forces de motivation que sont les besoins et les valeurs revendiquent la nécessité de trouver une résonance, un accomplissement. Quand nous établissons une relation, quand nous menons des interactions, nous sommes porteurs, sans en être bien conscients, d'attentes et de projets liés à ces forces de motivation.

Quand ces forces nous amènent au but, elles nous procurent des émotions positives telles la joie, la satisfaction, l'enthousiasme. Quand nous ratons la cible, elles engendrent des réactions négatives : colère, tristesse, peur, dégoût.

Et ce sont ces émotions qui vont nous permettre de tirer le fil de la pelote. Nous l'avons dit, l'émotion est une messagère. Lorsque vous ressentez une émotion pendant ou après un échange relationnel, vous pouvez vous poser la question suivante : Que me raconte cette émotion ? Quel est son message ? Écoutez bien votre monologue intérieur. Dans ce monologue, vous allez d'abord trouver des croyances. Identifiez-les. Parmi ces croyances, certaines sont au service d'un besoin ou d'une valeur. En prenant connaissance de ces croyances, vous vous demanderez: Qu'est-ce que m'apporte cette croyance? Au service de quoi est-elle? De quoi ai-je besoin? Et c'est ainsi que vous trouverez le besoin, la valeur.

Quand un couple se dispute, l'un accuse l'autre en lui disant: «Tu te moques de moi, tu as fait ceci, tu devrais avoir honte, tu m'as traité de...», etc. Peut-être pourrait-il tout simplement dire: «Ce qui s'est passé m'a peiné, je ne me suis pas senti respecté, j'ai besoin de savoir que je suis important à tes yeux» ou «J'ai besoin que tu me reconnaisses dans ce que je suis» ou «J'ai besoin de me sentir aimé, parlons-en». Cherchez le besoin, allez directement au but. Bien souvent, derrière une dispute, il y a un besoin vital qui cherche à s'exprimer.

Quand un salarié dénigre l'entreprise qui l'emploie, se met en colère devant telle ou telle nouvelle mesure, ce comportement peut indiquer que certaines de ses valeurs sont en contradiction avec celles de l'entreprise. Là aussi, identifiez vos valeurs. Une valeur première qui n'est pas respectée génère un état de stress fort, voire de déprime.

Cherchez toujours ce qui se cache derrière une émotion négative qui se répète ainsi.

Derrière tout comportement de communication se cache une intention positive pour la personne qui le met en action. Il s'agit pour elle de satisfaire un besoin ou de faire respecter une valeur. Même si elle n'emploie pas les bons moyens, c'est bien cet objectif, positif pour elle, qui cherche sa réalisation. C'est pourquoi il est important d'être conscients de nos attentes, des projets que nous élaborons en incluant d'autres personnes, car nos attentes et nos projets servent nos besoins et nos valeurs.

Alors, quels besoins et quelles valeurs se cachent derrière vos comportements de communication? Qu'attendez-vous de votre entourage, quels projets avez-vous pour eux?

Commencez par faire le tour de votre famille, de vos amis, de vos collègues, de votre patron, etc. Pour vous aider à répondre aux questions, appuyez-vous sur le souvenir d'un événement qui vous a contrarié ou, au contraire, qui vous a rendu heureux.

- Quelles sont mes attentes pour chacun d'eux ? Qu'est-ce que j'attends exactement de cette relation ?
- Quel besoin ou quelle valeur se cache derrière ces attentes ?
- Ces attentes sont-elles réalistes ? Puis-je y renoncer et trouver un autre moyen de satisfaire le besoin ou la valeur qui est derrière ?
- Par quels moyens positifs pourrais-je combler ce besoin ou faire respecter cette valeur ? Comment vais-je m'y prendre ?
- Quels projets ai-je pour ces personnes ? (Le projet de me rendre indispensable, de me faire aimer, de me faire trouver unique, de m'introduire dans leur cercle ?)
- Quel besoin ou quelle valeur se cache derrière ce projet ?
- Ce projet est-il réaliste ? Puis-je y renoncer et trouver un autre moyen de satisfaire le besoin ou la valeur qui se cache derrière ?
- Par quels moyens positifs puis-je combler ce besoin ou faire respecter cette valeur ? Comment vais-je m'y prendre ?

Dans nombre de nos interactions, quand nous communiquons, nous sommes poussés par une motivation quelconque. Des enjeux importants pour nous constituent la toile de fond de notre communication : nos besoins et nos valeurs. Être conscient de ces enjeux constitue déjà la réponse à nombre de problèmes de communication et de conflits.

CHAPITRE 9

Faites de votre communication une affaire de clarté

«Ce qui se conçoit bien s'énonce clairement et les mots pour le dire viennent aisément» disait Boileau. Quand nous écoutons la plupart des conversations, nous pourrions être amenés à penser que le flou réside souvent dans nos esprits. Jean Anouilh le disait déjà: «Nous vivons dans un monde qui a complètement perdu l'usage du point-virgule, nous parlons tous par phrases inachevées, avec trois petits points sous-entendus, parce que nous ne trouvons jamais le mot juste.» Faire une phrase vraiment complète, trouver les mots justes, tout cela réclame une belle clarté d'esprit, un effort signifiant que nous souhaitons réellement que notre interlocuteur saisisse bien le sens de notre pensée. Pourtant, même avec cette belle application, certains mots laissent le champ libre à des interprétations diverses et variées. Si une personne vous dit: «Pour moi, la liberté, c'est important» quel sens donne-t-elle au mot liberté? Pour certains, il s'agira d'une liberté de pensée, d'expression; pour d'autres, cela exprimera le souhait de n'avoir aucune attache familiale; et pour d'autres encore, d'avoir l'occasion de s'aménager des petits espaces personnels qui leur permettent d'échapper aux contraintes sévères d'un emploi du temps dictatorial. Selon l'univers intime de votre interlocuteur, certains mots feront appel à des représentations bien spécifiques.

Ensuite, comme on le verra plus loin, nous utilisons sans vergogne une cohorte de prêts d'intention, de lectures de pensée, de présupposés dans lesquels nous projetons sur les autres le reflet de notre univers personnel.

Comme vous allez le découvrir, si l'on souhaite éviter une accumulation de malentendus, il s'agira de changer certaines habitudes de communication, d'être un peu plus curieux, de poser certaines questions qui auront le mérite d'éclaircir le message de notre interlocuteur.

Reprenons la phrase ci-dessus: «Pour moi, la liberté, c'est important.» Si l'interlocuteur y répond par: «Tu as raison, ça l'est pour moi également», nous assistons à une non-rencontre, à un non-partage; aucun des deux protagonistes ne saura ce qui est vraiment important pour l'autre.

Les pièges quotidiens du langage verbal

Nous l'avons dit précédemment, nous sommes tous des univers uniques. Notre monde intérieur est complexe; il est, à ce jour, la construction et le résultat d'une éducation, d'apprentissages et d'expériences. Il est peuplé de croyances sur nous-mêmes, sur la vie, sur les gens. Ces croyances agissent comme des prismes à travers lesquels nous percevons le monde et grâce auxquels nous lui donnons un sens.

Nous sommes motivés par nos valeurs et par nos besoins, lesquels exercent une distorsion de la réalité extérieure.

Bien souvent, nous ne sommes pas en conscience de nous-mêmes ou en observation de nos réactions, et nous déléguons à l'organisation intérieure de ce monde intime la compréhension des multiples interactions que nous menons. Quand nous parlons de notre monde intérieur, ce n'est pas une vue de l'esprit ; il s'agit bien de réelles connexions neuronales qui se mettent en route, d'un système de pilotage automatique qui connaît bien son affaire. Sans notre vigilance, tout ce petit monde intérieur vit sa propre vie, bien souvent à notre insu. Et pour servir quel objectif ? La satisfaction de ses besoins en priorité et celle de ses valeurs.

C'est ainsi que, lorsque nous entendons une phrase, notre cerveau, très motivé, très créatif, ajoute et retranche des informations qui vont dans le sens de ce qui l'intéresse. En fait, il n'écoute pas vraiment attentivement, il retient quelques mots qui lui évoquent des représentations personnelles et il dérive très rapidement vers des interprétations ; il recrée un sens. Vous a-t-on déjà posé la question suivante : « Est-ce que les Belges ont un 14 juillet ? » Lorsque vous répondez « Non » ou « Je ne sais pas », si vous êtes Français, vous le faites par rapport à l'histoire de France. Or, les Belges ont bien un 14 juillet puisque leur mois de juillet est complet du 1er au 31[28].

Ici, votre cerveau a rajouté une information qui n'était pas dans l'énoncé. Vous avez interprété la question.

Découvrons ensemble toutes les structures de phrases qui concourent à une information incomplète ou erronée.

Les omissions

Quand on a un groupe de phrases dans lequel il manque des informations parfois cruciales, on est en présence d'une omission.

Si votre collègue vous dit : « On me déteste », vous serez peut-être tenté de lui répondre : « Mais non, personne ne te déteste. » Si vous ne lui posez pas la question : « Mais qui te déteste ? », vous pouvez peut-être penser qu'il s'estime détesté par tout le monde, qu'il se dévalorise, qu'il ne s'aime pas,

28. Extrait du livre de Jean-Louis Lascoux, *Pratique de la médiation,* Éditions ESF, 2001.

qu'il a vraiment des problèmes, etc., ou bien alors vous pouvez imaginer que cela ne va pas fort chez lui en ce moment, qu'il n'a pas le moral et que cela va passer. Or, il se trouve que le «on» est le directeur des ventes avec qui il vient d'avoir un nouvel accrochage. Si vous l'interrogez, vous apprendrez alors toute l'histoire et lui-même pourra ainsi remettre de l'ordre dans ses idées car, à l'instant où il emploie le «on», il généralise. Il ne sait plus trop qui le déteste. Les «on» et les «ça» – «ça pourrait être pire» – demandent des précisions.

Il existe aussi des phrases dans lesquelles il manque des mots: «Je suis en colère aujourd'hui.» En colère contre quoi? Contre qui? Pour quelles raisons? «Je ne suis pas d'accord.» Pas d'accord à propos de quoi, précisément?

Si vous souhaitez éviter les malentendus, demandez des explications, posez des questions, faites compléter les phrases auxquelles il manque des mots.

Nous faisons souvent des comparaisons, mais nous omettons de dire à quoi nous comparons. Si vous êtes chez un vendeur de voitures et que vous lui dites: «C'est trop cher», cela peut être trop cher comparé aux autres modèles que vous avez vus dans la même catégorie ou comparé au budget que vous vous êtes alloué, mais cela peut être aussi dû au fait que, en plus d'une voiture neuve, vous souhaitez également vous payer des vacances aux Antilles.

De même, si une personne vous dit qu'elle veut un meilleur emploi, qu'entend-elle par là? Meilleur par rapport à quoi exactement? Au salaire? À la qualité de l'employeur? À des tâches qui correspondent mieux à ses talents? À un lieu de travail qui soit plus proche de chez elle?

L'omission peut venir de l'interlocuteur, qui prête une attention sélective à certains mots, comme en témoigne l'histoire que voici.

«Une automobile arrive à vive allure dans une ville. Aucune lumière n'est allumée. L'automobiliste fonce, tous feux éteints. Pourtant, lorsqu'un homme traverse juste devant la voiture, l'automobiliste s'arrête. Comment est-ce possible?»

Voilà, votre attention a été attirée par les mots suivants: «aucune lumière n'est allumée» et «tous feux éteints», mais à quel moment, dans cette petite histoire, avez-vous lu qu'il faisait nuit? En fait, la scène se passe en plein jour.

Cette histoire un peu forcée témoigne bien de notre capacité à nous concentrer sur certains points d'un énoncé et à en occulter d'autres.

La généralisation

Vous êtes de passage dans un pays étranger. Le soir, vous dînez au restaurant et vous assistez à une scène pénible où un homme traite sa femme avec mépris. Vous rentrez au pays et, lorsque vous commentez votre voyage, vous dites à votre interlocuteur: «Ah! vous savez, les hommes de ce pays sont de vrais machos!» Vous venez de faire une généralisation.

La généralisation consiste à passer du particulier au général; à partir d'un fait singulier, d'un acte isolé, on glisse dans la généralité. «Tous les hommes sont...», «Toutes les femmes...», «Les Noirs...», «Les Arabes...», «Les bourgeois...», «Les gens de gauche...», «Les gens de droite...», etc. L'utilisation des «toujours» et des «jamais» relève également de la généralisation. «C'est toujours comme ça!» Le problème, avec la généralisation, c'est que nous finissons par y croire.

Ici, la solution est simple, puisqu'il s'agit de reprendre l'énoncé sous forme de questions: «Ah bon! Vraiment tous?», «Toujours?», «Jamais?».

Il y a aussi les phrases toutes faites, les jugements de valeur; ils reflètent habituellement les croyances qui peuplent le monde de notre interlocuteur, mais ils sont cependant énoncés comme des évidences qui devraient s'appliquer à la totalité des êtres humains. «C'est ridicule de se mettre en colère», «On ne donne pas sa confiance à n'importe qui», «Il est normal de se dévouer pour les autres». Ces phrases sont prononcées avec sérieux ou emphase et, du coup, vous avez presque l'impression qu'elles sont gravées dans des tables de la loi dont vous êtes le seul à ignorer l'existence. Justement, ici, les questions qui font mouche sont les suivantes: «D'après qui?», «Qui a dit cela?», «C'est écrit quelque part?», «C'est une nouvelle loi?».

La généralisation envahit l'espace. Elle prend le pouvoir, raconte n'importe quoi, s'érige en dogme. Elle est dangereuse, car elle véhicule des inexactitudes sous les apparences de la vérité. Cependant, elle impressionne, elle nous fait perdre nos moyens, elle peut nous culpabiliser, nous faire rentrer dans le rang. Donc, repérons-la et gardons l'esprit en alerte.

La distorsion

La distorsion, c'est l'univers de tous les possibles. C'est la foire d'empoigne des mots auxquels on peut faire dire tout et n'importe quoi, c'est le règne de l'interprétation; ce sont des enchaînements de pensées sans queue ni tête. Toute notre imagination, notre créativité, notre univers intime s'expriment dans ces malformations sémantiques.

Tout d'abord, nous l'avons déjà dit, certains mots sont des fourre-tout un peu inertes. Chacun peut ainsi donner un sens particulier à un mot fourre-tout mais, bien souvent, quand nous en utilisons un, nous ne savons même pas l'exacte signification que nous lui attribuons. Si quelqu'un vous dit: «Je veux du respect», que veut-il dire? Vous pouvez alors lui demander: «Qu'entendez-vous par *respect*? De quelle manière voulez-vous être respecté?» Si votre conjoint ou votre collègue vous dit: «La communication est mauvaise entre nous», n'allez pas vous imaginer que vous avez compris. Demandez-lui plutôt: «Qu'entends-tu par *communication*? Qu'est-ce qui montrerait que notre communication est bonne? De quelle manière aimerais-tu communiquer?»

En fait, dès que l'image n'est pas nette dans votre esprit, posez des questions. Bien souvent, il suffit de demander à la personne de donner un exemple.

Dans le domaine de la distorsion, on rencontre souvent l'extralucide. C'est cette personne qui sait tout sur les autres, et mieux qu'eux-mêmes. L'extralucide a tout compris et connaît les intentions de tout un chacun: «Je sais ce que tu penses», «S'il fait cela, c'est parce qu'il s'imagine que...», «Cette gamine ne pense qu'à nous compliquer la vie», etc. Ici, la bonne question à poser est la suivante: «Comment le sais-tu?», «Sur quoi repose ton jugement?». Cette lecture de pensée est bien souvent à l'origine de divagations, de rumeurs et d'attitudes paranoïaques. La personne qui s'y adonne risque de se faire souffrir elle-même et de faire souffrir les autres.

Nous sommes tous enclins à tirer une conclusion plutôt globale d'un seul fait précis. Si votre conjoint rentre à la maison avec des fleurs et que vous pensez: «C'est bizarre, il doit avoir quelque chose à se faire pardonner», vous construisez de toutes pièces une hypothèse. Certes, elle peut être motivée; dans ce cas, il est intéressant d'approfondir la question. Les enfants sont souvent très doués pour tirer ce genre de conclusion; un beau jour, ils surprennent une conversation au cours de laquelle leur mère dit qu'elle ne souhaitait pas avoir d'enfants et ils en concluent que leur mère ne les aime pas.

En fait, bien souvent, nous révélons nos critères d'importance par le biais de ces conclusions. Si Jacques vous dit: «Anne me prépare des petits plats, elle m'aime», en réalité, il est en train de vous expliquer que, pour lui, préparer un bon petit plat à l'être aimé, c'est donner une preuve indiscutable de son amour. Jacques se sent aimé quand on lui prépare un bon petit plat. Amour égale bon petit plat. C'est une association neuronale. Il en est ainsi pour nous tous.

Et pour vous, ce serait quoi, une preuve d'amour? Vous pouvez creuser le sujet et découvrir ainsi vos propres associations.

Savoir écouter

Si nous écoutons une personne attentivement, nous lui posons des questions. Il est bien rare que quelqu'un s'exprime en énonçant une série de faits. Les rapports de police sont factuels, tout comme les autopsies, puisque les scientifiques sont obligés de s'en tenir à des descriptions, à des faits et à des indices, de même que les ingénieurs et les comptables. Mais dans une conversation de tous les jours, il est bien rare que nous nous exprimions sans interprétation, sans généralisation, sans omission, sans lecture de pensée, sans jugement. Ce qui est important, c'est d'en prendre conscience, de se demander pourquoi, de comprendre ce qui se cache derrière tout cela, de préciser sa pensée, bref, de rétablir le contact avec soi et avec les êtres qui jouent un rôle important dans notre vie.

Si nous écoutons bien, nous nous apercevons que les gens décrivent en permanence leur monde intérieur, leurs peurs, leurs besoins, leurs valeurs, bref, ils nous livrent leurs critères. Bien souvent, nous pouvons prendre un mot ou une phrase au pied de la lettre.

Si nous écoutons bien, nous pouvons aider certaines personnes à préciser leur pensée et faire naître la clarté dans un esprit où réside le flou ; cela peut être utile pour nos enfants, pour ceux que nous aimons.

Si nous écoutons bien, si nous posons les bonnes questions, nous ne laissons pas les malentendus s'accumuler et nombre de situations conflictuelles peuvent être ainsi évitées.

Pour cela, il est important de se reconnecter au langage et aux mots, d'être curieux, de s'intéresser à l'autre, car des unions, des affections, des associations et des équipes en dépendent.

CHAPITRE 10

Déjouez la communication stressante

En dehors d'une communication utile ou factuelle, que recherchons-nous dans un échange ? Que doit-il nous apporter et quelle est sa fonction ? Un échange remplit trois fonctions : il contribue à entretenir ou à rétablir notre harmonie intérieure, nous aide à équilibrer nos transactions avec les autres et nous permet de satisfaire nos besoins ou de consolider nos valeurs. Si ces fonctions ne peuvent trouver leur accomplissement, c'est le conflit.

L'harmonie intérieure

Prenons un exemple banal : une rencontre avec votre voisin de palier.

Il est 19 h 00, vous rentrez chez vous et vous croisez votre voisin. Après les salutations d'usage, vous entamez une petite conversation. Examinons deux cas de figure.

Premier cas : votre voisin vous parle du match de soccer d'hier soir. Vous découvrez alors que vous êtes supporters de la même équipe et pour les mêmes raisons ; vous tombez d'accord, l'échange est détendu. Votre voisin est vraiment un type sympathique.

Ici, dans cet échange, votre vision du monde a été confrontée à une réalité extérieure – votre voisin et sa vision du monde – et elle a été validée, confortée. Cet échange a fait naître en vous un sentiment d'harmonie intérieure.

Deuxième cas : votre voisin vous parle du match d'hier soir. Il était partisan de l'autre équipe, alors la discussion s'enflamme gentiment, mais il émet une série de jugements déplaisants sur votre équipe préférée et, en prime, laisse sous-entendre que vos arguments et vos appréciations font légèrement preuve d'amateurisme. Vous rentrez chez vous très énervé. Ici, votre vision du monde a été confrontée à une réalité extérieure – votre voisin et sa vision du monde – très différente de la vôtre et vous avez été choqué. Pourtant, vos certitudes sont inébranlables. Cet échange, au lieu de créer un sentiment d'harmonie intérieure a fait surgir une émotion négative : la colère.

L'émotion surgit toujours au moment de la rencontre de notre monde intérieur avec le monde extérieur. S'il y a discordance, c'est l'émotion négative, plus ou moins violente. S'il y a concordance, c'est la joie et l'harmonie, comme une caresse intérieure.

L'équilibre des transactions

Nous n'en sommes pas bien conscients, mais nous tenons une comptabilité extrêmement précise de la quantité et de la qualité de nos échanges relationnels. En fait, nous distribuons des bons points et des mauvais points Dans nos relations sociales, cette comptabilité est plus perceptible : « Ce sont les Durand qui nous ont invités la dernière fois, c'est à notre tour de les inviter. Ils nous ont invités dans un restaurant trois étoiles, nous ne pouvons pas faire moins. » Ou bien : « Cela fait trois fois que nous invitons les Durand à nos soirées et ils ne nous ont pas rendu une seule invitation. » Ici, les Durand ont accumulé trois mauvais points.

Nous conservons soigneusement tous ces points ; ils sont numérotés et classés. Si la balance entre les bons et les mauvais points penche trop d'un côté, voici ce qui peut se produire :

- Une personne a accumulé trop de bons points. Nous sommes gênés. Comment les rendre ? Soit nous trouvons l'idée qui va permettre de les rembourser ; soit, Dieu merci, la personne nous demande un service important (elle sait bien qu'elle a un solde positif) ; soit rien ne se passe, le solde est extrêmement positif et notre embarras gagne du terrain. Peu à peu, nous évitons de voir cette personne, puis nous commençons à lui trouver des défauts ; cette masse de points positifs devient insupportable, il faut faire disparaître ce solde en hausse perpétuelle. Tous les moyens sont bons.
- Une personne a accumulé trop de mauvais points. Plusieurs solutions peuvent ramener l'équilibre : nous revendiquons, en faisant bien comprendre à la personne qu'elle doit remettre des bons points dans la balance. Si elle ne comprend pas, nous lui attribuons une volée de mauvais points au coup par coup ou bien nous nous remboursons d'un seul trait en rompant la relation plus ou moins méchamment, selon l'ampleur de la dette.

Nous savons que cette comptabilité existe et qu'elle est très précise, mais il nous répugne de l'admettre, bercés que nous sommes par des croyances culturelles qui valorisent l'altruisme et la gratuité. Cette comptabilité existe, elle est naturelle, elle obéit à un instinct de survie et elle nous protège en tant que systèmes.

C'est cette notion d'équilibre à la transaction près qui sera bien souvent à la source de conflits et d'échanges plus complexes entre les personnes.

La satisfaction de nos besoins et la consolidation de nos valeurs

Nous l'avons vu précédemment, la plupart des transactions ont pour but la satisfaction de nos besoins et la confirmation de nos valeurs.

Le besoin d'être reconnu, aimé et accepté motive nos échanges, induit des attentes et génère des intentions. En fonction du degré d'estime que nous avons pour nous-mêmes, nous menons des interactions positives ou négatives qui nous permettront de satisfaire nos besoins. Si notre degré d'estime est trop bas, nous utiliserons des moyens détournés pour atteindre cet objectif.

En résumé, lors d'une transaction, nous recherchons l'harmonie intérieure, l'équilibre entre les bons points et les mauvais points et la satisfaction, en priorité, de nos besoins puis de nos valeurs. Si ces objectifs ne sont pas atteints, les conflits apparaissent.

Les jeux

Les jeux dont il sera question ici n'ont rien à voir avec l'amusement : ce sont des jeux transactionnels. Vous l'avez compris, la communication véhicule des enjeux très forts, parfois si importants que certains jeux se terminent à l'hôpital ou à la morgue.

Toutes les personnes victimes de harcèlement ou de manipulation ont été, malgré elles, entraînées dans des jeux transactionnels dont elles n'avaient pas le mode d'emploi pour les aider à comprendre comment en sortir.

Dans la vie de tous les jours, nombre de personnes font appel à ces processus sans en être conscientes. Un joueur ne sait pas consciemment qu'il joue, enfin au premier degré. Alors qu'est-ce qu'un jeu et quelles en sont les règles ?

Première règle : le joueur est le maître du jeu ; il a un ou plusieurs jeux favoris auxquels il rejoue au fil des années. C'est lui qui donne le coup d'envoi.

Deuxième règle : le joueur a besoin d'autres joueurs. Il recherche ses futurs partenaires. Pour cela, il est important de les accrocher. Comment faire ? Il repère ce qui lui semble être un point faible chez son sujet ; par exemple, il a observé qu'untel vient spontanément en aide aux autres ou, au contraire, qu'il se sent facilement victime des événements ou qu'il semble très doué pour se rendre très désagréable avec son entourage. C'est sur ce point faible qu'il va s'appuyer pour lancer la première transaction.

Troisième règle : le ou les autres joueurs éventuels doivent donner la réplique attendue. Cela indique qu'ils s'avancent dans le piège.

Quatrième règle : mettre en scène le coup de théâtre, refermer le piège.

Cinquième règle : le joueur obtient ce qu'il cherchait, soit un sentiment qui le rassure, qui le conforte, qui favorisera la perpétuation d'un équilibre et qui comblera un besoin.

Prenons comme exemples deux petits jeux auxquels nous avons souvent l'occasion d'assister.

Le jeu du « Oui, mais... »

Alain et Patrick, deux amis, sont au parc avec les enfants. Entre deux glissoires et une balançoire, ils en profitent pour discuter un peu. Après quelques échanges, Alain lance le jeu. Il dit à Patrick :

— Alain : C'est fou, depuis qu'on a les enfants, Anne et moi, nous n'avons plus aucun moment de distraction. Les sorties le soir, les restaurants, le cinéma, c'est bien fini !

— Patrick (n'écoutant que son bon cœur, voulant trouver une solution pour son ami) : Ah ! Mais pourquoi ne prenez-vous pas une baby-sitter ?

— Alain : Oui, ce serait une bonne idée, mais c'est trop cher et en ce moment nous surveillons notre budget. (Le piège commence à se refermer.)

— Patrick : Ah ! oui, je comprends. Et ta mère, ne pourriez-vous pas lui confier les enfants, de temps en temps ?

— Alain : Oui, si elle était en bonne santé, mais ce n'est pas le cas.

— Patrick : Ah ! bon, je comprends. Mais j'y pense, la sœur de Anne est étudiante, elle pourrait passer une soirée chez vous au moins une fois tous les mois.

— Alain : Oui, mais Anne n'a aucune confiance en elle.

— Patrick : Et les voisins ? N'y a-t-il pas un jeune couple comme le vôtre avec lequel vous pourriez vous arranger ?

— Alain : Oui, mais nous ne connaissons personne et puis des étrangers, tu sais !

Bref, vous l'avez compris, Alain ne recherche absolument pas de solution à son problème. Il n'en veut surtout pas. Le but de son jeu consiste à repousser toutes les solutions. Croyez-vous sincèrement que s'il souhaitait une solution il ne l'aurait pas trouvée, depuis le temps qu'il y réfléchit ? Alain n'est pas stupide ! Dans sa spontanéité et dans son envie de se montrer amical, Patrick ne pense pas à tout cela. S'il avait su que c'était un jeu, dès la première phrase, il aurait pu lui dire : « J'imagine que tu as dû réfléchir à toutes les solutions possibles depuis bien longtemps. En as-tu trouvé une ? Crois-tu que je pourrais te proposer une solution à laquelle tu n'aurais pas pensé ? »

Le bénéfice de ce jeu est de démontrer aux autres qu'ils sont incapables de trouver une solution. Le joueur est heureux quand plus personne ne trouve quelque chose à dire.

Ce jeu est souvent pratiqué par des personnes qui se sentent dépassées dans certains domaines de leur vie. Une partie d'elles-mêmes un peu plus immature cherche la sécurité. Si la personne est confortée dans la croyance qu'elle ne peut que rester au même endroit, elle n'aura pas besoin d'aller au-devant de quelque chose qui lui fait peur.

Ici, la question que nous pourrions nous poser c'est : Que se passerait-il si Alain et sa femme pouvaient faire garder leurs enfants ? Que découvriraient-ils sur leur couple ?

Le jeu de « Tu vois bien comme j'ai essayé »

Anne et Christine travaillent dans le même bureau. Anne doit faire des photocopies et la machine n'a plus d'encre.

— Anne : Christine, la machine n'a plus d'encre, il faut mettre une nouvelle cartouche.

— Christine : Les cartouches sont rangées dans le placard.

— Anne : Tu sais bien que je ne suis pas douée pour ces manipulations techniques.

— Christine : Écoute, c'est toujours moi qui la change ; essaie, tu verras que ce n'est pas difficile.

— Anne : Bon, alors qu'est-ce que je dois faire ?

— Christine : Tu ouvres la photocopieuse et tu suis à la lettre les instructions écrites sur l'emballage de la cartouche.

— Anne : Bon, je vais essayer.

Anne s'active pendant un bon moment ; on l'entend rouspéter, elle se coince les doigts dans la machine. Christine ne bronche pas. Une demi-heure plus tard, elle entend la photocopieuse qui émet un bruit sinistre.

— Christine : Mais qu'est-ce qui se passe ?

— Anne : Cette fois-ci, je crois bien qu'il va falloir appeler le service technique. Je ne sais pas ce qui s'est passé. En plus, je me suis blessée. Oh ! je suis désolée, j'ai pourtant vraiment essayé !

Christine envoie sa collègue à l'infirmerie et replace une nouvelle cartouche dans la photocopieuse.

Dans ce scénario, la joueuse est mue par une seule préoccupation : ne pas se soumettre à ce qu'elle prend pour une manifestation d'autorité de la part de l'autre. Elle adopte une attitude passive-agressive, c'est-à-dire qu'elle transforme un désir d'agression en une attitude de résistance passive qui, bien souvent, se retourne contre elle. Ce qu'elle cherche à obtenir, c'est la réaction de son interlocutrice quand celle-ci constatera qu'elle n'y est pas arrivée. Ce qui se cache derrière cette attitude, c'est un besoin d'affection.

Ici, la façon de stopper le jeu est de demander à la joueuse d'arriver à un résultat : « Si tu es d'accord sur le fait que nous sommes deux dans ce bureau et qu'il est équitable que nous nous partagions les tâches, tu acceptes de changer cette cartouche et tu réussis. »

En effet, la joueuse obéit à un message qui l'empêche d'avoir une vision réaliste de la situation: «Je montre que je fais des efforts, mais il n'y a pas de résultat.» Il est important de faire comprendre à la personne qui joue ce rôle que l'étape des efforts ne vous intéresse pas. Vous voulez des résultats, sans savoir comment elle s'y est prise pour y arriver, et c'est comme cela que vous l'apprécierez, que vous l'aimerez.

Si vous souhaitez en savoir plus sur les différents types de jeux qui se pratiquent, vous pouvez vous procurer le livre de Éric Berne, créateur de l'analyse transactionnelle, qui s'intitule *Des jeux et des hommes.*

Rétablir une communication saine

Dans ce type de communication et à partir du moment où le jeu se répète plusieurs fois, on peut considérer que toutes les personnes concernées sont des joueurs. Celui qui vient systématiquement au secours de quelqu'un peut se poser des questions sur sa contribution au jeu, tout comme celui qui se retrouve systématiquement victime de ce type d'échanges. Chacun recherche quelque chose de bien précis dans ce rôle: la satisfaction d'un besoin. Il est donc important de repérer tous ces petits manèges de communication et de les stopper.

Pour les repérer, l'indice est simple; vous avez la sensation d'être empêtré dans un échange qui vous met mal à l'aise ou qui provoque une tension. Vous avez le sentiment qu'il existe des sous-entendus. Bref, cet échange ne vous convient pas.

Dès que vous repérez l'amorce du jeu; vous pouvez immédiatement dire: «Stop, je ne joue pas à ce petit jeu.»

Pour intervenir sur le fond, chacun des joueurs peut se poser la question suivante: Qu'est-ce que cette situation m'apporte? «Que des désagréments», répondrez-vous? Alors, pourquoi continuez-vous? Qu'est-ce qui vous empêche de faire autrement? Ah! bon. Vous n'avez aucun autre choix. Posons une hypothèse farfelue: imaginons que vous avez d'autres choix.

Qu'est-ce que vous pourriez essayer de faire différemment ? Que se passerait-il alors ? Quelles en seraient les conséquences pour vous ? Toutes les conséquences : les positives et les négatives ?

En répondant à ces questions, vous allez peu à peu comprendre l'avantage que vous retirez de cette situation et découvrir l'attente, le projet et enfin le besoin qui se cachent derrière.

Il est intéressant de savoir qu'au cours de tous ces échanges, et pour respecter un certain équilibre, la victime peut se révolter et devenir à son tour un persécuteur ; quant au sauveur et au persécuteur, ils peuvent se retrouver eux aussi dans la peau de la victime.

Vous l'avez compris, les jeux demandent d'endosser un certain type de rôle : le sauveur, le persécuteur, la victime. Le joueur subit son rôle et n'est pas conscient de le jouer au moment où il le joue. Son rôle a pour fonction d'établir des transactions qui l'amèneront le plus près possible de la satisfaction d'un besoin.

On pourra maintenant prendre en compte ce besoin et mettre en œuvre des moyens afin de le satisfaire autrement.

L'enjeu, pour les protagonistes, sera de reprendre du pouvoir, c'est-à-dire que chacun devra faire face à ses responsabilités. Ici, chacun peut se dire : « Je suis le premier responsable de ce qui m'arrive. Donc, comment puis-je m'y prendre pour que ces échanges se passent bien et que le résultat soit positif pour tout le monde ? » C'est ici qu'intervient la notion de puissance, ni plus ni moins que l'ensemble de nos ressources, compétences et talents destinés à nous faire reprendre confiance en nous, à rehausser notre estime de soi. Comment les mettre au service d'une communication saine et satisfaisante ?

Enfin, il s'agit de se donner des permissions : la permission d'être heureux, d'être quelqu'un de bien ; la permission de satisfaire ses besoins autrement, de réclamer, d'arrêter de jouer à ce jeu ; la permission d'adopter un autre comportement.

Il est important de pouvoir lâcher prise sur les attentes et les intentions que nous avons par rapport aux autres. Lâcher prise ne veut pas dire : baisser les bras, abandonner, faire semblant d'être indifférent.

« Lâcher prise signifie que l'on va élargir son champ de vision, que l'on va prendre à la fois de la hauteur, de la distance, de la largeur[29]. » Que l'on va considérer toute la situation de très haut pour voir ce que l'on ne voit pas lorsque l'on est concentré sur un morceau du puzzle.

Entrer dans le cercle de maîtrise de la communication

Bien communiquer est un art. Nombre de situations quotidiennes, de faits d'actualité, de conflits, de guerres, de drames familiaux ou personnels sont la résultante de comportements de communication. Vous l'avez compris, communiquer ne consiste pas seulement à parler. La communication est aussi faite de silences, de bouderies, de sourires, de gestes, de comportements et d'actes, lesquels adressent des messages qui seront livrés à la libre interprétation de l'interlocuteur. Nous décryptons les messages en fonction de notre carte du monde, et toute entité – une personne, une entreprise, un clan, un pays – possède sa propre carte singulière. Les chercheurs de l'École de Palo Alto disaient : « Tout est communication. » Il semblerait que ce slogan se vérifie chaque jour, bien au-delà des champs visés par ce propos. Les cellules de notre corps communiquent entre elles, notre pensée communique avec nos cellules, la matière intelligente se propage à l'échelle de l'univers, une communication intelligente et profonde est à l'œuvre partout autour de nous.

Nos croyances, nos besoins, nos valeurs et nos émotions codent et décodent nos messages, influencent et construisent notre vision du monde. C'est pourquoi il est important d'être

29. Jean-Louis Lascoux, *Pratique de la médiation,* ESF éditeur, 2001.

en conscience de soi, de connaître son monde intérieur et de comprendre comment il fonctionne.

Le langage verbal, outil de communication, doit refléter ce monde intérieur le plus clairement et le plus précisément possible, donnant lieu à une communication franche, sans détours, sans sous-entendus et dénuée autant que possible de présupposés et de généralisations. Il ne faut pas oublier non plus que toute interprétation est une hypothèse possible parmi d'autres.

Bien communiquer nécessite d'être débarrassé d'un fatras de complexes, d'injonctions intérieures liées à notre éducation, de croyances négatives sur nous-mêmes, bref cela exige d'être le mieux possible dans sa peau, de s'approcher chaque jour de qui nous sommes vraiment. Cela nécessite également d'avoir de moins en moins d'attentes vis-à-vis des autres, de se sentir libre et de profiter de l'instant présent.

Il faut également pouvoir se payer le luxe de la spontanéité ; exprimer ses émotions quand cela est nécessaire, mais sans exhibitionnisme ; affirmer ses idées, son point de vue, mais en acceptant et en respectant le fait qu'ils ne seront pas partagés par tous.

Communiquer, c'est se rencontrer et, à partir de mondes différents, être capable de créer un monde commun. Communiquer vraiment, c'est mettre en commun.

CONCLUSION

Refaites vos choix

Il est un moment magique à chaque aube où la lumière est comme en suspens, un instant magique où tout peut arriver – la création retient son souffle.

Douglas Adams

Ce livre nous a amenés au cœur de la problématique du stress, de l'adaptation et des réponses que l'on peut apporter au contexte.

Dans l'introduction, nous nous demandions si nous allions laisser le contexte, l'environnement et les autres décider à notre place ou si nous pensions qu'il fallait croire à la puissance de nos propres actes.

Nous avons évoqué la lutte entre un système qui tente par tous les moyens d'imposer son plan, qui nous sollicite en permanence au rythme des machines porteuses de vitesse et de progrès, et l'homme, fragile parce que justement humain et tributaire de cycles naturels, d'un temps qui demande du temps.

Nous disions que l'adaptation peut être réactive, c'est-à-dire subie, au coup par coup, dans l'urgence et avec les moyens du bord, ou, au contraire, proactive – c'est-à-dire dans la connaissance et l'anticipation avec, en ligne de mire, l'évolution et le progrès.

Renverser la pression, la contrainte et, par un formidable retournement, imposer son temps, son rythme, ses choix et ses priorités au système : tel est l'enjeu.

Nous nous sommes demandé également s'il était possible de façonner sa vie et nous avons répondu que c'était réalisable, à condition d'acquérir la connaissance et la maîtrise de soi et de savoir quel genre de vie nous voulons mener, au service de quoi.

Maintenant, regardez ces trois cercles : ils résument notre propos.

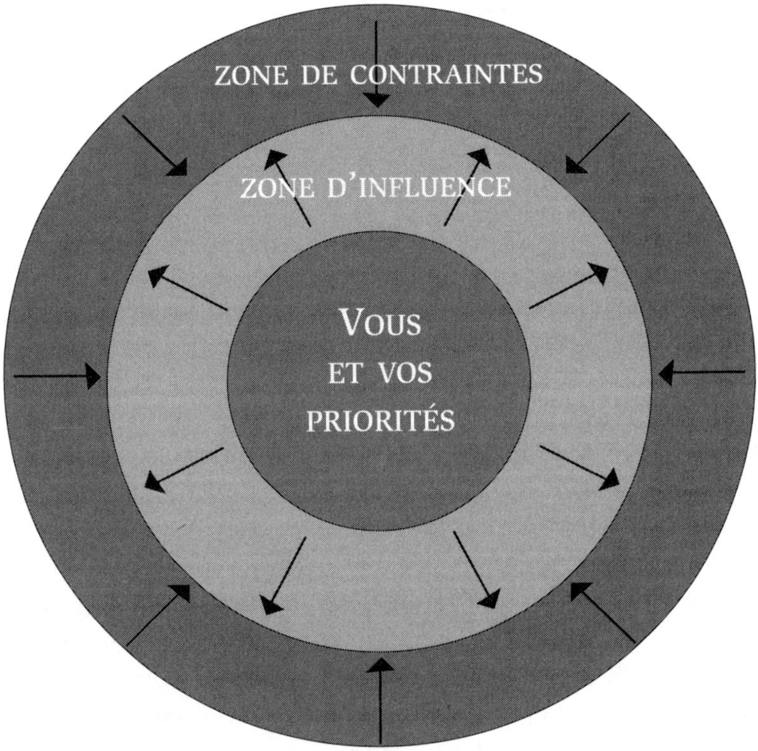

Au centre du schéma, il y a un premier petit cercle, un noyau dur, à l'image du noyau de la cellule. Il contient les informations – conscientes, cette fois-ci – nécessaires à la connaissance de soi : la connaissance de son corps, du fonctionnement de son énergie ; la capacité de comprendre et de traiter les messages délivrés par les émotions ; la conscience de ses croyances, de ses besoins et de ses talents. Ce noyau consistant, c'est vous et vos projets.

La personne qui jouit d'un tel noyau a facilement accès à son univers intérieur, les grilles de lecture y sont claires. Le noyau contient aussi ses priorités et ses responsabilités qui sont, en général, directement reliées à ses besoins, ses valeurs et ses talents. La personne sait ce qu'elle veut, elle connaît ses ressources et sait comment les mettre à profit.

À partir du moment où nous avons une conscience nette de qui nous sommes et de ce que nous voulons, deux phénomènes se produisent au niveau cérébral :

- Nous devenons éveillés ; nous élargissons notre champ de perception. Cela veut dire que nous nous remarquons, que nous voyons des choses dans notre environnement que nous n'aurions jamais perçues auparavant. Quand nous employons l'expression : « Cela m'a ouvert les yeux », nous voulons bien dire que nos yeux étaient fermés sur certains champs. Pourtant, dans notre environnement, rien n'a changé, les choses sont telles qu'elles étaient avant notre éveil. Elles étaient déjà là. C'est bien nous qui avons fait une prise de conscience et qui avons accès à un nouveau champ de perception.
- Notre cerveau, informé précisément de nos centres d'intérêt, recrée subtilement les paramètres des divers rouages de fonctionnement et met en œuvre ces différentes fonctions au niveau conscient et inconscient. C'est ainsi qu'il modifie des comportements afin de servir de nouveaux objectifs et qu'il a accès à des processus de raisonnement et d'intuition en rapport avec ses nouvelles priorités. Tel un radar scrutant en permanence l'environnement, il détecte alors très vite tout ce qui peut être susceptible de l'intéresser.

Et c'est à cet instant que tout bascule. Nous entrons alors dans le deuxième cercle, le cercle d'influence. Cette nouvelle perception met en évidence des éléments de l'environnement qui nous intéressent particulièrement: ceux dont nous avons besoin, ceux dont nous allons pouvoir nous servir et que nous souhaitons obtenir. Un lien invisible mais irrésistible se crée entre nous et ces éléments. C'est un renversement de situation. Nous allons sélectionner ce que nous souhaitons obtenir de notre environnement. Notre motivation, notre désir fera appel à l'ensemble de nos comportements et de nos ressources. C'est toute une structure qui se mettra en place et qui occupera le terrain avec force et stratégie.

De même, le fait d'avoir identifié nos besoins, nos talents et nos priorités fera germer de nouvelles idées et de nouveaux objectifs que nous désirerons mettre en œuvre ; c'est à cet instant que l'adaptation proactive atteindra son but, car elle sera alors au service de l'évolution et de la création. Nous redessinerons notre vie, nos journées.

Ce cercle d'influence est la résultante du premier cercle. Plus le premier cercle est consistant, plus il aura un pouvoir d'influence concentrique et exponentiel sur le contexte et plus le deuxième cercle sera important. Et c'est là tout l'objet du présent ouvrage : renforcer notre premier cercle et élargir le plus possible notre deuxième cercle.

Quant au troisième cercle, il représente toutes les circonstances, les événements, les interactions qui nous sollicitent chaque jour, tout ce que nous devons gérer en matière d'urgences et d'imprévus. Il représente l'environnement et les systèmes qui cherchent à imposer leurs règles et leur rythme. Il représente les événements que nous avons générés et qui nous reviennent. Comme vous pouvez le constater sur le schéma, les forces de ce cercle s'opposent à notre cercle d'influence. C'est ici que se situe la lutte entre nous et notre environnement. Lequel des deux cercles sera le plus important ?

Nous l'avons dit dès l'introduction, il est illusoire de penser pouvoir contrôler un environnement, un contexte ou un système. Cependant, nous avons également dit que la grande majorité des événements qui se présentent ont été semés en amont par nos propres comportements, nos propres actions. Et c'est bien à ce niveau-là que nous avons décidé d'intervenir par une meilleure connaissance de nous-mêmes, par une meilleure maîtrise.

Comme nous l'avons vu, ce schéma s'applique également à nos comportements de communication. Est-ce notre entourage qui nous impose sa façon de communiquer ou sommes-nous capables d'accéder à une communication qui nous permet d'atteindre nos objectifs et de satisfaire nos besoins ?

Quel que soit le contexte dans lequel nous vivons, la qualité de notre maîtrise des quatre cercles de pouvoir aura de fortes répercussions sur notre vie de tous les jours.

La question qui doit être posée à ce stade est la suivante : Compte tenu du contexte dans lequel je suis et compte tenu de mes connaissances et de mes ressources, quelle est ma marge de manœuvre ? Qu'est-ce qui dépend de moi dans cette situation ? Que puis-je entreprendre ? Avec les moyens qui sont à ma disposition, quel est mon pouvoir d'action ?

Bien souvent, au cœur d'un contexte difficile, nous pensons sincèrement que nous n'avons plus de marge de manœuvre et que les décisions nous échappent ; nous nous sentons écrasés par le contexte. Or, si à cet instant nous nous posons les questions énoncées précédemment, nous nous apercevons que nous avons toujours une marge de manœuvre, aussi réduite soit-elle. Sauf dans certains contextes ultimes et peu fréquents, nous avons bel et bien une possibilité de choix, même s'il y a un prix à payer. C'est pourquoi il est important que nous puissions entrer en contact avec notre force personnelle dans toute situation.

Le stress n'existe plus quand nous savons que nous sommes en mesure d'apporter une réponse à une situation quelconque. Tout l'enjeu de cet ouvrage est de vous mettre en position d'élargir de façon considérable votre capacité à répondre. Il s'agit de vous redonner du pouvoir.

Quand une personne consulte un *coach,* au fur et à mesure des séances, elle apprend à mieux se connaître, à identifier ses besoins, ses valeurs, ses croyances, ses talents et ses compétences ; elle apprend aussi à comprendre ses comportements et ceux des autres ; à repérer sa marge de manœuvre et à reprendre du pouvoir sur sa vie pour être en position de répondre à de nombreuses questions. Inéluctablement, la question fondamentale sera abordée : Comment voulez-vous vivre et au service de quoi ?

Ce livre est avant tout un condensé de réflexions et de questions qui doivent vous permettre un meilleur accès à la connaissance de votre univers personnel, une meilleure compréhension de vos comportements, une définition de vos priorités, une amélioration de votre organisation et une communication plus claire, exempte de conflits.

Allez à votre rythme, repérez les sujets particuliers sur lesquels vous souhaitez travailler ; imprégnez-vous de l'idée générale, ne la perdez pas de vue et, chaque matin, refaites vos choix.

ANNEXE

Les sucres rapides

Voici la liste des aliments[30] dont l'index glycémique est le plus élevé :

Baguette de pain blanc :	136
Riz instantané :	128
Confiserie de fantaisie :	100-114
Céréales de type Corn Flakes :	100-110
Pommes de terre frites :	107
Carottes :	101
Pommes de terre en purée :	100
Pain à la farine de blé complet :	97
Soda :	97
Barre chocolatée :	97
Croissants :	96
Gnocchis :	95
Pommes de terre bouillies :	93
Sucre blanc :	92

30. Liste extraite de l'article de Thierry Souccar, « Soupçons sur les sucres », *Sciences et Avenir*, février 1999.

La table des aliments

La colonne **G** indique la quantité de glucides contenus dans la portion correspondante.

Pour une même quantité de glucides, l'effet sur la glycémie varie d'un aliment à l'autre. Par exemple, 10 g de glucides consommés sous forme de 40 g de pommes de terre feront monter davantage la glycémie que 10 g de glucides apportés par 40 g de lentilles.

On parle d'index glycémique et cette notion va progressivement remplacer celle des équivalences en glucides (aliments équivalents glucidiques), car raisonner sur l'effet hyperglycémiant des aliments est beaucoup plus utile que de raisonner sur les quantités de glucides contenues dans les aliments.

L'index glycémique est indiqué dans la colonne intitulée **IG**:

0 = aliments ne contenant pas de sucre
A = index glycémique très faible (aliment très peu hyperglycémiant)
B = index glycémique faible (aliment peu hyperglycémiant)
C = index glycémique moyen (aliment moyennement hyperglycémiant)
D = index glycémique fort (aliment très hyperglycémiant)

Il faut savoir que

Ces index glycémiques ne concernent que les aliments consommés seuls.

Lorsque ces aliments sont associés à d'autres aliments au cours d'un repas, leur pouvoir hyperglycémiant varie. De plus, il est également un peu différent selon les personnes, selon le mode de cuisson, selon le degré de maturation des fruits, etc.

Ces indications sont donc données à titre indicatif; il est nécessaire que vous fassiez votre propre expérience et que, grâce à l'autosurveillance glycémique, vous jugiez de l'influence de tel ou tel aliment sur votre propre glycémie.

Les lipides

La colonne **L** indique la quantité de lipides contenus dans la portion d'aliment correspondante.

Les aliments contiennent des gras à prédominance saturée ou insaturée. La nature des gras est indiquée dans la colonne **N**:

S = graisses à prédominance saturée.
I = graisses à prédominance insaturée.

Les graisses insaturées sont indispensables au fonctionnement de l'organisme et elles se révèlent bien plus bénéfiques que les graisses saturées. Il faut donc privilégier les graisses insaturées (aliments d'origine végétale et poissons) par rapport aux graisses saturées (aliments d'origine animale), tout en se rappelant que tout aliment gras doit être consommé avec une grande modération.

Féculents - Légumes secs	Poids	G	IG	L	N
Blé cuit: 2 c. à soupe	50 g	10 g	B	0 g	-
Cannelloni: 4	150 g	20 g	B	7 g	S
Cassoulet (haricots + sauce): 1 portion	150 g	20 g	A	5 g	S
Chips: une vingtaine	20 g	10 g	D	7 g	S
Crêpe: 2 petites ou 1 grande	100 g	20 g	B	8 g	S
Fèves: 3 c. à soupe rases	70 g	10 g	A	0 g	-
Flageolets cuits: 3 c. à soupe rases	70 g	10 g	A	0 g	-

Frites : une dizaine (petites)	25 g	10 g	D	4 g	S
Gratin dauphinois : 4 c. à soupe	150 g	20 g	D	20 g	S
Hachis parmentier : 3 c. à soupe	200 g	20 g	D	12 g	S
Haricots blancs cuits : 2 c. à soupe rases	50 g	10 g	A	0 g	-
Haricots rouges cuits : 2 c. à soupe rases	50 g	10 g	A	0 g	-
Lasagnes : 2 c. à soupe	150 g	20 g	B	7 g	S
Lentilles cuites : 3 c. à soupe rases	70 g	10 g	A	0 g	-
Marrons « chauds »	50 g	22 g	C	1 g	I
Marrons en purée	50 g	10 g	C	1 g	I
Crème de marrons vanillée	50 g	30 g	D	1 g	I
Pâtes cuites : 2 c. à soupe rases	50 g	10 g	B	0 g	-
Pizza : ¼ ou 1 petite	100 g	25 g	B	8 g	S
Pois cassés cuits : 2 c. à soupe	40 g	10 g	A	0 g	-
Pois chiches cuits : 2 c. à soupe	40 g	10 g	A	0 g	-
Pomme de terre : 1 (taille d'un œuf)	50 g	10 g	D	0 g	-
Purée de pommes de terre : 1 c. à soupe	60 g	10 g	D	1 g	S
Purée de pommes de terre en flocons : 2 c. à soupe	13 g	10 g	D	1 g	S
Quiche : ¼ ou 1 petite	115 g	20 g	B	15 g	S
Ravolis : 8	100 g	10 g	B	3 g	S
Riz cuit : 2 c. à soupe	50 g	10 g	C	0 g	-
Semoule cuite : 2 c. à soupe	50 g	10 g	B	0 g	-

Légumes	Poids	G	IG	L	N
Artichaut : 1 gros	100 g	10 g	B	0 g	-
Betteraves rouges : 4 c. à soupe	100 g	10 g	C	0 g	-
Carotte crue : 1 moyenne	100 g	10 g	B	0 g	-
Carotte cuite : 1 moyenne	100 g	10 g	D	0 g	-
Choucroute garnie : ½ assiette	200 g	10 g	B	22 g	S
Choux de Bruxelles : 5 à 7	100 g	10 g	B	0 g	-

Germes de soja : 1/2 assiette	200 g	10 g	B	3 g	I
Légumes verts : 1/2 assiette	200 g	10 g	B	0 g	-
Macédoine de légumes : 4 c. à soupe	100 g	10 g	B	0 g	-
Navet : 1 moyen	100 g	10 g	C	0 g	-
Oignon : 1 moyen	100 g	10 g	B	0 g	-
Petits pois : 4 c. à soupe	80 g	10 g	C	0 g	-
Potage : 1 sachet	14 g	10 g	B	1 g	S
Potage : 1 brique	300 ml	15 g	B	4 g	S
Potiron	100 g	6 g	C	0 g	-
Salsifis : 2 c. à soupe	80 g	10 g	B	0 g	-

Farineux - Céréales	Poids	G	IG	L	N
Biscotte : 1 + 1/2	13 g	10 g	D	0 g	-
Biscuits apéritifs : 10	20 g	10 g	B	6 g	S
Bouchée à la reine garnie : 1	180 g	35 g	C	30 g	S
Corn-flakes, Pop-corn : 4 c. à soupe	13 g	10 g	D	0 g	-
Croissant : 1	50 g	25 g	C	12 g	S
Croque-monsieur : 1	140 g	40 g	C	17 g	S
Farine : 1 c. à soupe rase	13 g	10 g	B	0 g	-
Flocons d'avoine : 4 c. à soupe rases	13 g	10 g	B	0 g	-
Friand à la viande : 1	90 g	25 g	C	7 g	S
Hot-dog : 1	130 g	40 g	C	19 g	S
Maïs : 3 c. à soupe	60 g	10 g	B	1 g	I
Maïzena : 1 c. à soupe rase	13 g	10 g	B	0 g	-
Pain : 1 tranche	20 g	10 g	D	0 g	-
Pain grillé : 1/2 tranche	13 g	10 g	D	0 g	-
Pâte brisée surgelée : 1/4 bloc	100 g	45 g	C	20 g	S
Pâte feuilletée surgelée : 1/4 bloc	100 g	40 g	B	25 g	S
Petit pain au chocolat : 1	70 g	30 g	C	15 g	S
Petit pain aux raisins : 1	80 g	40 g	C	10 g	S
Petits beurres : 2	13 g	10 g	C	2 g	S

Produits sucrés	Poids	G	IG	L	N
Barre chocolatée : 1	60 g	35 g	B	15 g	S
Boisson édulcorée : 1 verre	200 ml	2 g	A	0 g	-
Bonbons : 2	10 g	10 g	C	0 g	-
Chocolat : 4 carrés	20 g	12 g	B	7 g	S
Cola : 1 petite bouteille	330 ml	35 g	D	0 g	-
Confiture : 1 c. à café	15 g	10 g	D	0 g	-
Glace : 2 boules	80 g	20 g	B	5 g	S
Limonade : 1 verre	200 ml	20 g	D	0 g	-
Miel : 1 c. à café	12 g	10 g	D	0 g	-
Sorbet : 2 boules	80 g	20 g	B	0 g	-

Fruits	Poids	G	IG	L	N
Abricots : 4 moyens	160 g	20 g	B	0 g	-
Amandes : 2 petites poignées	120 g	20 g	A	65 g	I
Ananas : 1/8	160 g	20 g	B	0 g	-
Avocat : 1/2	100 g	5 g	A	20 g	I
Banane : 1/2 ou 1 petite	100 g	20 g	C	0 g	-
Brugnon : 1 gros	130 g	20 g	B	0 g	-
Cacahuètes : 1 poignée	80 g	20 g	A	30 g	I
Cerises : 20	130 g	20 g	B	0 g	-
Citrons : 2	250 g	20 g	B	0 g	-
Dattes : 3	25 g	20 g	B	0 g	-
Figues fraîches : 2	120 g	20 g	B	0 g	-
Figues séchées : 2	25 g	20 g	B	0 g	-
Fraises : 20 à 25	260 g	20 g	B	0 g	-
Framboises : 8 c. à soupe	230 g	20 g	B	0 g	-
Groseilles : 8 c. à soupe	230 g	20 g	B	0 g	-
Kiwis : 2	130 g	20 g	B	0 g	-
Mandarines : 3 grosses	200 g	20 g	B	0 g	-
Mangue : 1/2	125 g	20 g	B	0 g	-
Melon : 1/2 ou 1 petit	300 g	20 g	B	0 g	-

Mirabelles : 8	130 g	20 g	B	0 g	-
Mûres : 25 à 30 (8 c. à soupe)	150 g	20 g	B	0 g	-
Noisettes : 2 petites poignées	130 g	20 g	A	80 g	I
Noix : 2 petites poignées	130 g	20 g	A	80 g	I
Orange : 1	180 g	20 g	B	0 g	-
Pamplemousse	180 g	20 g	B	0 g	-
Papaye : 1/2	125 g	20 g	B	0 g	-
Pastèque : 1/10	300 g	20 g	B	0 g	-
Pêche : 1	150 g	20 g	B	0 g	-
Pistaches : 2 petites poignées	105 g	20 g	A	55 g	I
Poire : 1	150 g	20 g	B	0 g	-
Pomme : 1	150 g	20 g	B	0 g	-
Pruneaux : 3 à 4	25 g	20 g	B	0 g	-
Prunes : 3 à 4	130 g	20 g	B	0 g	-
Raisins : 20 petits grains	100 g	20 g	C	0 g	-
Reine-Claude : 4 à 5	110 g	20 g	B	0 g	-
Rhubarbe : 3 bâtons	300 g	10 g	B	0 g	-

Source : Zoom Diabète.com

Les matières grasses

Pour trouver le pourcentage en matières grasses des aliments destinés à votre consommation, vous devez lire les emballages et faire l'opération suivante.

Tout d'abord, repérez les deux chiffres qui nous intéressent, celui des lipides en g et celui des calories pour 100 g. Par exemple, si vous avez 31 g de lipides et 533 kcal, vous procédez à l'opération suivante : 31 g (lipides) x 9 (on multiplie par 9 parce que 1 g de gras = 9 calories), donc 31 x 9 = 279 kcal. Ensuite, vous divisez 279 par les 533 kcal et vous obtenez 0,52, soit 52 % de matières grasses.

Les viandes rouges
L'entrecôte 100 g = 65%
Le flanchet = 65%
Le hamburger = 61%
Rosbeef filet = 44%

Le veau
100 g de foie = 42%

Le porc
100 g de côtelettes = 64%

Agneau
Gigot d'agneau = 66%

Poulet
Viande blanche, avec la peau = 35%
Viande blanche, sans la peau = 17%

La charcuterie
50 g de jambon de Paris = 56%
Jambon cru italien = 45%
Saucisse de Francfort (1) = 81%

Les fruits
La plupart des fruits ont un pourcentage variant de 1% à 12%, sauf:
L'avocat = 82%
L'olive = 92%

Les noix et les graines
Noix de coco = 85%
Noix = 79%
Amandes = 76%
Noix de cajou = 70%
Arachides = 69%

BIBLIOGRAPHIE

D'ANSEMBOURG, Thomas, *Cessez d'être gentil, soyez vrai,* Éditions de l'Homme, 2001.

ASHNER, Laurie; Mitch MEYERSON, *Qu'est ce qui m'empêche de me sentir bien ?,* InterÉditions, 2000.

BATESON, JACKSON, SCHEFEN, SIGMAN, WATZLAWICK, BIRDWHISTELL, GOFFMAN, HALL, *La nouvelle communication,* textes présentés par Yves Winkin, Le Seuil, collection Points Essais, 1981.

BELLENGER, Lionel, *Les outils du négociateur II,* ESF éditeur, 1996.

BERNE, Éric, *Des jeux et des hommes,* Stock, 1964.

BERNE, Éric, *Que dites-vous après avoir dit bonjour?* Tchou, collection Corps à vivre, 1972, 1983.

BUCKINGHAM, Marcus; Curt COFFMAN, *Manager contre vents et marées,* Village Mondial, 2001.

BUCKINGHAM, Marcus; Curt COFFMAN, *Découvrez vos points forts dans la vie et au travail,* Village Mondial, 2001.

CADET, Bernard, *Psychologie cognitive,* Inpress, Serge et France Perrot, 1998.

CAHILL, M., Sous la direction de, *Anatomie et physiologie, l'essentiel,* Maloine, 1998.

CARALP, Evelyne; Alain GALLO, *Sciences cognitives et psychanalyse,* Les Essentiels Milan, 1998.

CHALVIN, Dominique, *Les nouveaux outils de l'analyse transactionnelle II,* ESF, collection Formation Permanente en Sciences Humaines, 1996.

CHALVIN, Dominique, *Les outils de base de l'analyse transactionnelle I*, ESF, collection Formation Permanente en Sciences Humaines, 1996.

CHANGEUX, Jean-Pierre, *L'homme de vérité*, Odile Jacob, 2002.

CHOPRA, Deepak, *Cette énergie qui est en vous*, Presses du Châtelet, 1998.

CHOPRA, Deepak, *Un corps sans âge, un esprit immortel*, InterÉditions, 1994.

CRÈVECŒUR, Jean-Jacques, *Relations et jeux de pouvoir*, Éditions Jouvence, col. Équinoxe 21, 1999.

DAMASIO, Antonio, *Le sentiment même de soi*, Odile Jacob, 1999.

DILTS, Robert, *Croyances et santé*, Épi, La méridienne, 1994.

DONATI, Christiane, *Le stress intelligent*, Les éditions Demos, 2002.

DUCROCQ, Albert, *L'esprit et la neuroscience*, J.-C. Lattès, 1999.

FÈVRE, Louis ; Chantalle SERVAIS ; Gustave SOTO, *Guide du Maître praticien en PNL*, Chronique sociale, 1997.

FLUCHAIRE, Pierre, *L'insomnie, c'est fini*, Fanval, 1986.

FLUCHAIRE, Pierre, *La révolution du sommeil*, Robert Laffont, 1984.

GOLDSMITH, Marshall ; Laurence LYONS, Alyssa FREAS, *Coaching For Leadership*, Jossey-Bass/Pfeiffer, 2000.

GOLEMAN, Daniel, *L'intelligence émotionnelle*, collection J'ai lu, Bien-être, 1997.

GOLEMAN, Daniel, *L'intelligence émotionnelle II*, collection J'ai lu, Bien-être, 1999.

GOLEMAN, Daniel ; Richard BOYATZIS, Annie McKEE, *L'intelligence émotionnelle au travail*, Village Mondial, 2002.

GRINDER, John ; Richard BANDLER, *Transe-formations : programmation neurolinguistique et techniques d'hypnose éricksonienne*, InterÉditions/Masson, 1998.

LABBÉ, Max, *Ces étonnantes graines germées*, Max Labbé, 1995.

LASCOUX, Jean-Louis, *Pratique de la médiation*, ESF éditeur, 2001.

LATY, Dominique ; Dr Jacques FRICKER, *Le grand livre de la forme*, Odile Jacob, 1997.

LEGERON, Patrick, *Le stress au travail,* Éditions Odile Jacob, 2001.

LENHARDT, Vincent, *L'analyse transactionnelle,* Retz, 1980.

MAGNIN, Pierre, *Le sommeil et le rêve,* PUF, collection Que sais-je ?, 1990.

MANUILA, L. ; A. MANUILA ; M. NICOULIN, *Dictionnaire médical,* 7e édition, Masson, 1996.

MARC, Edmond et Dominique PICARD, *L'école de Palo Alto,* Retz, 1984.

MORIN, Charles M., *Vaincre les ennemis du sommeil,* Les Éditions de L'Homme, 1997.

MORIN, Edgar, *La méthode : l'identité humaine,* Seuil, 2001.

ROBERT, Jacques-Michel, *Comprendre notre cerveau,* Le Seuil, collection Points Sciences, 1982.

SALOMÉ, Jacques, *Pour ne plus vivre sur la planète taire,* Albin Michel, 1997.

SEIGNALET, Jean, *L'alimentation ou la 3e médecine,* O.E.I.L. collection Écologie humaine, François Xavier de Guilbert, 1998.

SOUCCAR, Thierry, *La révolution des vitamines,* Éditions générales FIRST, collection J'ai lu, Bien-être, 1995.

STANFORD UNIVERSITY, Dr Robert K. Cooper, « Personal Effectiveness Under Pressure », 1995.

STEINER, Claude, *L'ABC des émotions,* InterÉditions, 1998.

VAN DER HORST, Brian, *Praticien PNL,* PNL Repère, 2000.

WATZLAWICK, P. ; Beavin HELMICK, J. JACKSON, *Une logique de la communication,* Le Seuil, collection Points Essais, 1972.

WEIL, Andrew, *Huit semaines pour retrouver une bonne santé,* J.-C. Lattès, 1998.

Pour tout renseignement concernant le coaching, les conférences et les séminaires donnés par l'auteur:
frollot@anozerday.com

Site de l'auteur: www.anozerday.com

TABLE DES MATIÈRES

Achevé d'imprimer au Canada
en janvier 2003
sur les presses des Imprimeries Transcontinentales inc.
Division Imprimerie Gagné.